구석구석 우리문화 6
역사가 숨 쉬는 우리 성곽

구석구석 우리문화 6
역사가 숨쉬는 우리성곽

초판 1쇄 발행 | 2015년 1월 10일
초판 2쇄 발행 | 2016년 6월 10일

글쓴이 | 윤민용
그린이 | 심승희
사진 | 윤민용, 현암사
펴낸이 | 조미현

책임편집 | 황정원
디자인 | 씨오디

펴낸곳 | (주)현암사
등록 | 1951년 12월 30일 · 제10-126호
주소 | 04029 서울시 마포구 동교로12안길 35
전화 | 02-365-5051 · 팩스 | 02-313-2729
전자우편 | child@hyeonamsa.com
홈페이지 | www.hyeonamsa.com
페이스북 | www.facebook.com/hyeonami
블로그 | blog.naver.com/hyeonamsa

ⓒ 윤민용, 심승희, 현암사 2014

ISBN 978-89-323-7387-4 73910

* 이 도서의 국립중앙도서관 출판예정도서목록(CIP)은 서지정보유통지원시스템
  홈페이지(http://seoji.nl.go.kr)와 국가자료공동목록시스템(http://www.nl.go.kr/kolisnet)에서
  이용하실 수 있습니다.(CIP제어번호: CIP2014036925)
* 이 책은 저작권법에 따라 보호를 받는 저작물이므로 저작권자와 출판사의 허락 없이
  이 책의 내용을 복제하거나 다른 용도로 쓸 수 없습니다.
* 저자와의 협의하에 인지를 생략합니다.
* 책값은 뒤표지에 있습니다. 잘못된 책은 바꾸어 드립니다.
* 현암주니어는 (주)현암사의 아동 브랜드입니다.

구석구석 우리문화 6

한양도성 따라 걷기

역사가 숨 쉬는 우리 성곽

글 윤민용 · 그림 심승희

현암
주니어

차례

Part 1 우리나라는 성곽의 나라

성곽은 어떻게 탄생했을까 • 8
성곽은 어떻게 생겼을까 • 14
서울의 역사를 찾아서 • 18
한양도성의 축조 • 26

Part 2 한양도성을 따라서

답사의 시작 • 30
한양의 진산, 북악산 구간 • 34
살아 있는 도시, 변화하는 성곽, 낙산 구간 • 49
도성의 수문, 흥인지문 구간 • 58
한반도의 남과 북을 잇는 수도의 얼굴, 숭례문 구간 • 79
성곽의 소멸과 재탄생 • 106

Part 3 외곽에서 도성 한양을 지킨 서울의 산성들

남한산성 • 110

북한산성 • 145

성곽길을 나서며 • 158

참고 문헌 • 160

서울 한양도성 관광안내지도

Part 1

우리나라는 성곽의 나라

 ## 성곽은 어떻게 탄생했을까

〈백설 공주〉, 〈원탁의 기사〉, 〈잠자는 숲 속의 미녀〉, 〈라푼젤〉. 익숙한 서양의 동화들이지? 이들 동화에는 한 가지 공통점이 있어. 바로 성을 배경으로 이야기가 펼쳐진다는 거야. 돌로 쌓은 성벽에 굳게 닫힌 성문이 있고, 갑옷을 입고 무기를 든 채 성문 앞을 지키는 군사들의 모습을 이런 책 속에서 본 적 있을 거야.

이런 성은 서양에만 있었을까? 아니야, 우리나라에도 있어! 우리나라 지도를 보면 지도 한 귀퉁이에 실린 기호 중에 '⊓' 모양의 기호가 있어. 이 기호는 수도 서울뿐 아니라 서울 이외의 주요 산자락마다 빠짐없이 표시되어 있어. 바로 우리나라의 성곽을 뜻하는 기호란다.

성곽은 성을 보호하기 위해서 성의 경계를 따라 둘러쌓은 높고 긴 담장을 말해. 즉, 성곽 안에 성이 있는 구조인 거지. 그래서 보통은 합쳐 부르거나 그냥 '성'으로 부르기도 한단다. 성곽 안에 있는 성은 '내성'이라고 하고, 성곽은 '외성'이라고도 해.

성곽은 왜 생겨났을까

성곽은 대부분 적을 막아 내고 스스로를 지키기 위한 방어를 목적으로 세웠단다. 지금처럼 문명이 발달하고 과학 기술이 발전하기 이전에는 사람이 살아가는 데 많은 위험 요소가 있었어. 그래서 사람들은 자신의 생명을 위협하는 거대한 동물을 막아 내고, 적의 침략에 대비하기 위해서 모여 살았지. 자기들이 사는 땅의 둘레에 경계선을 긋고 나무를 엮어서 일종의 보호벽을 만들면서 성곽이 생겨난 거야.

집 둘레에 쌓은 보호벽이 담장이라면, 성곽은 사람들이 한 마을에 모여 살면서 마을 주변에 쌓은 보호벽이야. 성 둘레에 쌓은 성곽은 성 안에 사는 사람들을 보호하는 시설이면서 동시에 성의 경계를 표시하는 역할도 했어. 나라를 다스리는 왕이 사는 수도나 멀리 떨어진 지방이나 할 것 없이 사람들은 성곽 안에 모여 살며 마을을 형성했어. 왕이 사는 궁궐이나 관청, 학교, 시장 등도 모두 성곽 안에 세워졌지. 그래서 성은 왕이나 영주, 귀족이 다스리는 영토이자 마을, 혹은 도시 그 자체를 뜻하기도 했어. 지금 우리가 사는 대한민국은 도〉시〉구〉동, 혹은 군〉읍〉면〉리 등의 행정 단위로 이뤄져 있지만, 예전에는 성이 바로 그 역할을 했단다. 물론 하나의 성이 도시를 이룬 경우도 있었지.

그렇다면 성곽은 언제부터 생겨났을까? 인류의 역사와 함께 시작됐다고 할 수 있어. 선사 시대 사람들은 동굴에 모여 살다가 점차 먹을 것을 구하기 쉬운 강변이나

동래부순절도 (1760년, 변박). 임진왜란 때 군사와 백성들이 성곽 밖 왜군의 침략에 맞서고 있다.

바닷가에 움집 등을 짓고 살았어. 청동기 시대가 되면서 청동기로 연장을 만들고 직접 농작물을 키워 먹고살게 되면서 들판에 집을 지었지. 그때부터 나무나 돌로 자신들이 사는 동네 주변을 둘러싼 성곽을 만들기 시작했어. 처음에는 나무로 만든 기둥을 엮어 성곽을 만들었는데 견고하지 못했어. 그래서 흙을 다져 쌓아 올린 토성을 짓다가 나중에는 돌을 이용해 석성을 쌓았어.

우리나라에서 성을 짓는 주요 기술은 나라 간에 영토를 뺏고 빼앗는 각축전이 심했던 삼국 시대에 완성됐어. 삼국 시대의 성곽은 대개 흙과 돌을 섞어서 사용했어. 그 이후로 성곽을 쌓는 방법은 크게 달라진 것이 없다가 조선 후기에 들어서면서 벽돌을 많이 이용하게 되었지. 본래 벽돌은 우리나라보다는 중국에서 성을 지을 때 많이 사용한 재료야. 그러나 정조(조선 제22대 왕) 때 수원 화성을 지으면서 벽돌을 이용했고, 남한산성의 여장(성벽 맨 위에 낮게 쌓은 담장)도 벽돌로 고쳐 쌓았지.

우리나라는 성곽의 나라

전 국토의 70퍼센트가 산지로 이뤄진 우리나라에는 산성이 꽤 많이 남아 있어. 한민족이 부족을 이루어 살기 시작한 기원전 1000여 년 전부터 조선 시대까지 2000여 개가 넘는 산성이 지어졌어. 그래서 우리나라를 '성곽의 나라'라고 부르기도 해. 서울만 해도 한양도성, 아차산성, 북한산성, 남한산성 등이 남아 있고, 삼국 시대 고구려·백제·신라가 서로 차지하려고 각축전을 벌인 남한강 일대(지금의 충청북도 일대)에도 삼국 시대에 지은 산성이 상당수 남아 있어. 그리고 이렇게

수원 화성

 삼국 시대에 지은 산성들은 대부분 고려 시대, 조선 시대에도 계속해서 보수됐어. 산성이 들어앉은 자리가 백성을 지키기에 가장 안전한 곳이라고 생각했던 거지. 위기에 대처하고 자신의 안전을 보장해 줄 수 있는 땅을 알아보는 눈은 삼국 시대 사람들이나 조선 시대 사람들이나 똑같았나 봐.

 이런 산성들은 이민족의 침략에 시달렸지만 이를 슬기롭게 극복해 낸 우리나라의 역사를 보여 주는 동시에 우리 선조가 남긴 문화유산이라는 점에서 의미가 깊어. 그래서 최근에는 이들 유적지를 세계에 잘 알리고 보존하기 위한 여러 가지 움직임들이 일고 있어. 성곽을 보수, 복원하는 일은 물론이고 일대의 역사를 살펴 정리하고, 많은 이들이 산성의 역사와 문화를 알 수 있게끔 다양한 탐방 코스와 문화 해설 프로그램을 운영하고 있어. 남한산성을 비롯해 여러 성곽들에 대한 유네스코 세계문화유산 등재 신청도 이처럼 문화유산을 세계인들에게 알리고, 함께 지켜 나가자는 의미에서 이뤄지고 있는 일이지.

아차산성터

성곽은 어떤 곳에 들어섰을까

성곽은 왕궁이 있는 도읍지에 수도를 방어하기 위해 둘레에 쌓기도 하고 지방 관아가 있는 곳에 쌓기도 했어. 이렇게 성곽 안에 어떤 행정 단위, 시설물이 들어서느냐에 따라 성의 이름을 달리 부르기도 해.

· **도성** 수도를 둘러싼 성곽을 말하는데, 보통 왕이 사는 왕궁이 도성 안에 세워졌기 때문에 '왕성'이라고도 불러. 고구려의 평양성, 백제의 부소산성, 신라의 금성과 반월성, 조선 시대 한양도성이 바로 도성이자 왕성에 해당하지.
· **읍성** 지방 행정의 중심지인 관아에 쌓은 성으로, 읍성 안에는 관아 건물과 민가가 함께 들어섰어. 대부분 배산임수라고 해서 뒤편에 산을 끼고 들어앉았기 때문에 성곽이 고을 뒷산으로 이어지는 경우가 많았어. 고창읍성이나 해미

읍성이 여기에 해당해.

· 진성 바다를 지키는 수영이나 병영 등 군대가 주둔하기 위해 쌓은 성이야. 제주도 별방진성이 있어.

· 창성 창고를 보호할 목적으로 쌓은 것을 말해. 공세곶창성이 그 한 예지.

· 장성 국경선을 따라 길게 쌓은 것으로, 중국의 만리장성이나 고려 때 지은 천리장성이 그 예야.

· 관문성 교통의 요지에 쌓은 성인데, 위급한 상황이 발생했을 때 교통로를 차단할 목적으로 쌓았어. 문경새재가 여기에 해당하지.

읍성인 고창읍성

읍성인 해미읍성

진성인 제주도 별방진성

관문성인 문경새재

성곽은 어떻게 생겼을까

- **망루** 적의 동태, 침입을 살펴볼 수 있도록 성의 가장 높은 곳이나 산등성이에 만들었어.
- **성문** 성 안팎을 드나들기 위한 문으로 보통 동서남북 네 방향에 문을 냈어. 우리나라의 읍성은 대부분 북쪽에 높은 산을 등지고 평지에 지은 성이 많아서 북문은 아예 안 만드는 경우가 많았어. 우리나라 건축의 가장 큰 특징은 바로 최대한 자연에 가깝게 짓는 거야. 성곽에 문을 만들 때도 동서남북 방위를 정확하게 따르기보다는 자연 지형을 이용하여 성곽을 짓고 문을 냈어.
- **옹성** 성문 중에 문 앞에 반원형으로 성문을 에워싸게 만든 것으로 적군이 바로 들어오는 것을 막았어.
- **체성** 성의 몸체를 이루는 성벽을 말해.

성곽은 성의 경계에 지은 건축물이어서 사람들이 드나들 수 있고, 적의 침입에 대비하고 방어 기능을 수행하기 위한 구조물이 함께 지어졌어.

- **여장** 체성 위에 낮게 담장을 쌓아서 적으로부터 몸을 피하고 공격하기 쉽게 만든 시설물이야. '성가퀴', 또는 '성첩'이라고도 불러.
- **총안** 총이나 활을 쏠 수 있도록 여장에 낸 네모난 창이야.
- **옥개석** 여장 위에 올려놓은 지붕돌로, 평상시에는 물이 고이는 것을 막는 역할을 할 뿐만 아니라 전투 시에는 성 밖에서 여장에 사다리를 걸치고 올라오는 적군을 떨어뜨릴 때 효과적이었어.
- **곡장** 성벽 중 일부 구간을 원형으로 돌출시켜서 만든 구조물이야.
- **치성** 각이 지게 만든 곡장이라고 보면 돼. 곡장과 치성은 모두 적의 동태를 파악하고 공격하기 위해 만든 시설이야.
- **수문** 성 안 사람들이 생활하는 데 필요한 물을 공급하기 위해 물길이 드나들도록 만든 문이야.

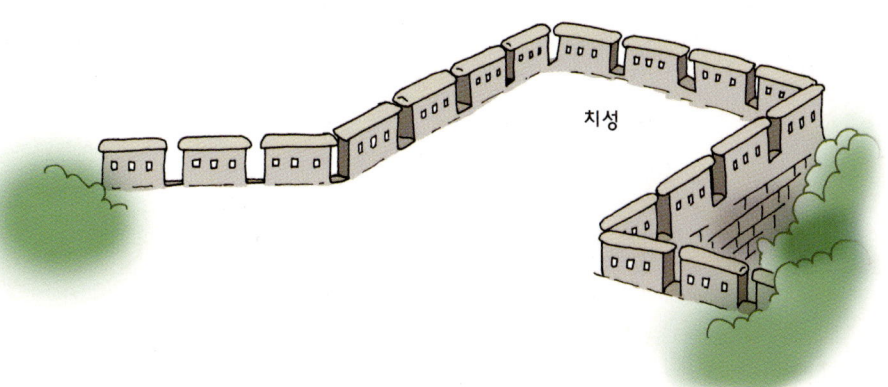

치성

수문

이웃 나라의 성

우리나라뿐 아니라 가까운 중국과 일본에도 성곽이 남아 있다. 중국을 대표하는 성곽은 만리장성이다. 중국에서는 예전부터 규모가 큰 성곽을 '길다'라는 뜻의 한자를 써 '장성(長城)'이라고 했다. 만리장성의 동쪽 끝은 요동 반도에 있는 산하이관(山海關)이고, 서쪽 끝은 중국 서부 사막 가운데 있는 자위관(嘉峪關)이다. 이 두 곳을 이은 거리만 해도 2700킬로미터나 되고, 여기저기 갈라져 나간 성곽들을 더하면 6000킬로미터가 넘는다고 하니 지구상에서 사람의 손으로 지은 건축물 중 제일 큰 규모를 자랑한다고 할 수 있다.

중국의 만리장성

만리장성은 기원전 약 200여 년 전 중국을 통일한 진나라의 시황제가 북방 유목 민족인 흉노족의 침입을 막아 내기 위해 짓기 시작했다. 이후 숱한 인력이 동원되어 보수 공사가 이뤄졌는데, 지금의 만리장성은 17세기의 모습이다. 만리장성은 동쪽으로 갈수록 더욱 단단하고 견고하게 지어졌다. 중국의 수도 베이징 인근의 팔달령 구간은 산세를 따라 물결이 굽이치는 모양으로 지어져 유명한데, 성벽 위에 군사들이 움직이기 쉽게끔 계단 통로를 냈다.

일본의 히메지 성

일본도 성곽 하면 빼놓을 수 없다. 특히 일본은 근대 국가를 이루기 전인 봉건 시대에 전국 곳곳에 수많은 성이 지어졌다. 하나의 왕조가 일본 전역을 통일한 것이 아니라 권력을 가진 영주들이 도시 곳곳에 성을 쌓았다. 성을 중심으로 가신과 상인 들이 모여 살면서 도시가 발달하게 되었고, 성의 외곽을 따라 성곽을 둘렀다. 또 성곽 바깥을 둘러 파서 물을 가두는 시설인 해자를 만들어 적의 침입을 막았다. 일본 성곽의 중심에는 사방으로 층층이 삐죽 처마가 솟아오른 고층 건물이 있는데, 천수각이라고 해서 성 안팎의 정세를 살피는 전망대 역할을 했다. 히메지에 있는 히메지 성, 오사카에 있는 오사카 성, 구마모토에 있는 구마모토 성 등이 유명하다. 일본 성곽의 특징 중 하나는 성벽이 아래에서 위로 올라갈수록 바깥쪽으로 경사가 심하게 져서 기어오르기가 어렵고, 성 한가운데를 중심으로 내부에도 겹겹이 성벽을 쌓았다는 점이다.

서양에도 성과 성곽이 있다. 오랜 역사를 자랑하는 독일이나 프랑스, 영국, 스페인 등 유럽 지역에는 다양한 재료로 지은 성과 성곽이 있다. 중세 시대에 지은 성은 〈원탁의 기사〉나 〈드라큘라〉와 같은 다양한 소설과 전설의 배경이 되기도 했다. 특히 독일 라인 강가를 따라 지어진 아름다운 성들은 지금도 수많은 여행객들의 사랑을 받고 있다.

독일 라인 강가의 성

한데 신기하지? 옛날에 우리나라는 '성곽의 나라'로 불렸다는데 실제 생활하면서 성곽을 만나기는 힘들어. 기껏해야 산중에 남은 산성뿐, 도성이나 읍성은 아예 사라져 찾아보기 힘들거나 그 흔적만 남아 있어. 그 많던 성곽은 다 어디로 사라졌을까? 그 흔적을 찾아 이제 길을 떠나 보려 해.

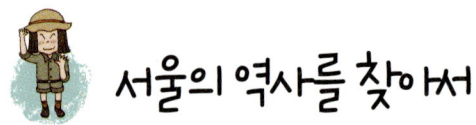# 서울의 역사를 찾아서

자, 이제 성곽의 흔적을 찾아 서울을 돌아보자. 그런데 궁금하지? 성곽을 찾아 떠나는데, 왜 하필이면 고층 빌딩과 아파트가 즐비한 서울을 돌아보려는지?

서울은 500여 년간 조선 왕조의 수도였어. 20세기 초 조선 왕조가 쓰러지고 일제 강점기와 한국 전쟁이라는 큰 수난을 당하면서 서울의 모습은 많이 달라졌지만, 지금은 세계 10대 도시 안에 들 정도로 성장했어. 그래서 각종 현대 건축물로 가득한 서울의 모습은 미국의 뉴욕이나 일본의 도쿄 등 세계 여느 대도시와 그 모습이 크게 다르지 않아.

지금 서울에서 조선 시대의 모습을 찾는 일은 마치 숨은그림찾기를 하는 일과 같아. 물론 경복궁이나 창덕궁, 창경궁, 덕수궁, 경희궁 등 5대 궁궐과 종묘, 사직단 등 조선 왕실의 주요 건축물은 남아 있어. 하지만 이들 내부를 구성하던 많은 건물들이 20세기를 거치며 크게 훼손됐고, 백성들이 생활하던 전통 생활 공간 대부분이 사라졌어.

서울성곽도 마찬가지야. 지금의 모습은 조선 시대의 모습과는 많이 달라. 하지만 두 눈을 크게 뜨고 보물찾기를 하는 심정으로 성곽길을 따라 걷다 보면, 어느새 자연스럽게 서울의 역사를 만날 수 있어.

한양의 탄생

'서울'은 대한민국의 수도가 있는 지명을 가리키는 고유 명사이기도 하지만, 보통 명사로 한 나라의 중심지인 수도라는 뜻을 갖고 있어. 서울의 이름은 시대에 따라 조금씩 변했어. 백제 때는 '위례성(慰禮城)', 고려 시대에는 '남경(南京)', 조선 시대에는 '한성(漢城)' 혹은 '한양(漢陽)', 일제 강점기에는 '경성(京城)' 등 시대에 따라 각기 다른 이름으로 불렸지.

서울이 본격적으로 역사의 무대에 등장한 것은 조선이 건국되면서부터야. 1392년 조선을 세운 태조 이성계는 처음에는 고려 왕조의 수도인 개경(지금의 개성)에 머물렀어. 그러고 나서 좋은 터를 알아보다 1394년에 비로소 수도를 한양, 지금의 서울로 옮겼어.

태조가 한양을 수도로 정한 것은 두 가지 이유 때문이었어. 먼저 한강을 따라

동궐도(19세기, 작가 미상). 북악산(왼쪽 위)과 낙산(오른쪽) 사이 한양도성 아래 자리 잡은 창덕궁과 창경궁의 모습

조선 시대 수도 한양을 나타낸 지도, 〈수선전도〉(1840년경, 김정호)

뱃길이 통하는 점, 두 번째로는 한반도의 중앙에 있어 전국 팔도에서 접근하기 좋다는 점이었지. 실제로 한양은 사방이 산으로 둘러싸인 안온한 분지여서 적의 방어에 유리했고, 가까이에 큰 강인 한강이 있어서 물자의 운송과 이동이 편리한 교통의 요지였거든.

조선 시대의 한양은 지금 우리가 살고 있는 서울과는 그 규모가 많이 달라. 지금 서울특별시는 대한민국 최고의 대도시이자, 거주 인구만 1천만 명이 넘는 초대형 도시잖아. 하지만 조선 시대의 한양은 지금의 서울특별시처럼 드넓지 않았어. 지금으로 치면 서울 강북의 중심부라 할 수 있는 광화문과 종로, 을지로 등이 포함된 아주 적은 면적에 불과했어. 지금은 빌딩들에 가려져서 보이지 않지만, 광화문 광장에서 보면 북으로는 북악산(혹은 백악산이라고도 해. 342m)을 등지고, 남쪽으로는 남산(목멱산이라고도 해. 262m)을 바라보며, 동쪽으로는 낙산(125m), 서쪽으로는 인왕산(338m)에 둘러싸인 분지야. 한양을 에워싼 4개의 산을 도성 안쪽에 있는 산이라고 해서 '내사산'이라고 불렀는데, 한양은 바로 이 내사산을 연결한 성곽 안에 들어섰지. 이 성곽이 바로 한양도성, 지금의 서울성곽이야.

앞에서 성곽이 도시를 지칭하기도 한다던 말 기억하니? 그래서 한양도성이라 하면 두 가지 뜻을 지니고 있어. 하나는 한양도성의 경계를 따라 지은 성곽 그 자체를 말하고, 다른 하나는 행정 구역명으로서 성곽 안에 들어선 조선의 수도 한양, 즉 한성부를 뜻해. 한성부는 오늘날로 치면 서울시야.

한양도성 안에는 왕이 사는 궁궐과 종묘, 사직, 관아, 시장 등 다양한 시설이 들어섰지. 그래서 도성의 축조는 아주 큰 의미를 가졌어. 적의 침입을 막는 방어 기능을 기본적으로 갖춰야 할 뿐 아니라, 도성의 수많은 관리와 백성 들이 살고, 한 나라를 이끄는 왕이 사는 궁궐도 자리했기 때문에 그 격에 맞춰 설계되었어. 그래서 도성의 성곽은 특히 왕이 사는 성의 수비와 방어에 힘썼지.

사대문과 사소문

숙정문 현판

혜화문 현판

요즘에는 방위를 따라 동대문, 남대문, 서대문이라고 쉽게 부르지만, 조선 시대에는 건국 이념인 유교에서 사람이 마땅히 따라야 할 덕목을 한 글자씩 따서 사대문에 이름을 붙였다. 숭례문(崇禮門)은 '예(禮)를 숭상한다'는 뜻이고, 흥인문(興仁門) 또는 흥인지문은 인(仁), 즉 '어짊을 흥하게 한다'는 뜻이다. 서대문, 새문, 신문으로도 불린 돈의문(敦義門)은 '의로움(義)을 북돋운다'는 뜻을 담고 있다. 북문에는 본래 '지혜(智)를 넓힌다'는 뜻의 홍지문(弘智門)이라는 이름을 붙이려고 했지만, 백성들이 지나치게 지혜로워지면 왕이 통치하는 데 어려움이 있겠다 싶어 '엄숙하게 다스린다'는 의미의 숙정문(肅靖門)이라는 이름을 붙였다.

사대문 사이에 사소문도 냈는데, 흥인지문과 숭례문 사이에는 광희문(수구문)을, 숭례문과 돈의문 사이에는 소의문을, 돈의문과 숙정문 사이에는 창의문(자하문)을, 숙정문과 흥인지문 사이에는 혜화문(홍화문)을 세웠다.

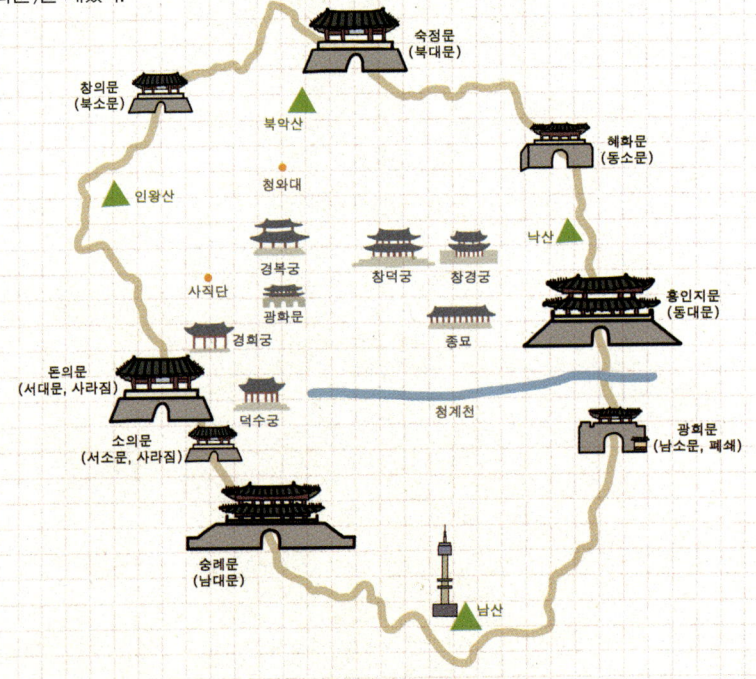

한양도성의 구성

조선 시대에는 한양의 둘레를 따라 지은 성곽을 '한양도성'이라고 불렀으나, 현대에 들어서는 '서울성곽(사적 제10호)'이라고도 불러. 그러니 결국 한양도성과 서울성곽은 같은 말이야. 하지만 앞으로 조선 시대에 지은 성곽이란 의미로 쓸 때에는 한양도성이라는 말을 쓸 거야.

성곽길을 걷는 사람들이 늘면서 서울시에서는 시민들이 보다 쉽게 성곽길을 돌아볼 수 있도록 성곽길을 따라 '서울성곽길'이라는 표지를 붙여 놨어.

한양도성은 북악산을 중심으로 해서 낙산, 남산, 인왕산을 따라 둥근 원처럼 이어지는데, 그 안에 있는 경복궁과 종묘사직 등을 에워싼 형태를 하고 있어. 성곽은 둘레 길이만 약 18킬로미터가 넘어. 성곽 사이마다 동서남북 방향에 출입문을 냈는데, 네 개의 큰 문인 사대문과 작은 문인 사소문으로 총 8개의 문을 냈어. 그래서 비유적으로 한양도성 안을 가리켜 사대문 안이라고도 말했어.

도성과 가까운 사대문 밖에는 사람이 살긴 했지만 한양도성 안에 비해 상당히 적었어. 세종(조선 제4대 왕) 때 한양도성 안에 거주하는 사람이 103328명이었다고 하는데, 성저십리라고 해서 도성 밖 사방 십 리(약 4km) 이내에 사는 사람은 6044명이었다고 해. 사대문 밖 대부분은 농토이거나 산과 강, 들판이 펼쳐져 있었지.

예전에는 저기가 다 논밭이였겠죠?

한양도성과 북한산성, 남한산성

알다시피 서울은 조선 건국 이후 지금에 이르기까지 나라의 수도가 자리한 곳이야. 한양에는 왕이 머무는 궁궐과 함께 관리들이 일하는 관청이 몰려 있고 숱한 백성들이 살고 있었어. 한데 만약 전쟁이 터지면 어떻게 될까? 한순간에 수도가 무너지면 나라의 모든 기능이 정지될 수밖에 없어. 그래서 조선이 세워지고 한양을 수도로 정한 후에 적들이 쳐들어올 때를 대비하여 한양도성을 지키기 위해 산성을 쌓았어. 한강을 기준으로 서울의 서북쪽에 있는 북한산에는 북한산성을 세우고, 한강 아래 남동쪽에는 남한산성을 세웠지. 이 두 산성이 서울 바깥에서 한양도성을 둘러싸고 방어하는 외성 역할을 담당했던 거야.

 이들 산성은 전쟁이나 역모, 민란이 발생할 때 도성을 지키는 방어선의 역할도 했지만, 전쟁과 같은 큰 국가적 위기가 발생하면 궁궐을 옮기는 피난처의 역할을 했어. 궁궐을 옮긴다 함은 왕을 비롯해서 종묘사직과 관청, 거기서 일하는 관리와 왕을 보호하는 군사들, 백성들이 모두 함께 옮겨 간다는 뜻이야. 그러니까 산성은 임시 수도이면서 임시 궁궐의 역할까지 담당했던 거지.

 그래서 조선 시대의 한양도성은 지금의 서울 시내에 자리한 한양도성(서울성곽)

남한산성

북한산성

뿐 아니라 북한산성과 남한산성까지 포함한다고 말할 수 있어. 한 나라의 수도 역할을 하는 각종 시설이 자리한 도성과 변고가 생겼을 때 임시 수도 역할을 할 수 있는 두 개의 산성을 갖추면서 한양은 명실상부한 한 나라의 도성이 된 것이지.

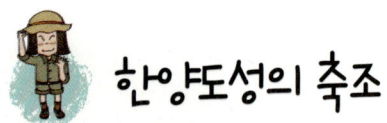# 한양도성의 축조

한양도성 축조에 대한 논의는 1394년 조선 태조 때 한양으로 도읍을 옮기고 난 뒤부터 시작됐어. 수도를 옮겨 오고, 궁궐과 종묘, 사직단 등 주요 시설이 들어섰으니 이를 방어하기 위해 도성 외곽에 성곽을 지었던 거지.

한양에 들어선 조선 시대 주요 궁궐과 관청의 자리는 조선 왕조 건설의 실질적인 주역인 정도전이 계획했어. 말하자면 정도전은 수도 한양의 도시 건축가, 설계자였던 셈이지. 한양도성의 경계선도 정도전이 결정했어. 그는 1395년 가을에 직접 내사산인 북악산과 인왕산, 남산, 낙산을 답사했는데, 당시 성곽의 길이는 총 59500척이나 됐어. 1척은 지금의 길이로 환산하면 약 30.3센티미터에 해당하니까 18.029킬로미터야. 서울성곽의 실제 길이 18.2킬로미터에 꽤 근사한 값이야.

성곽을 쌓는 일을 축성이라고 하는데, 1395년에 한양도성의 축성 업무를 맡는 특별 임시 관청인 도성축조도감이 설치되고 본격적으로 성 쌓기가 진행됐어. 기록에 따르면 실제 공사는 1396년 1월 9일에 시작해 2월 28일까지 49일간 끝내도록 되어 있었어. 이렇게 한겨울에 짧은 기간 동안 공사를 마치도록 한 것은 당시 조선이 농업 국가였기 때문이야. 즉 농번기를 피해 인력을 동원하기 위해서였지.

그렇게 해서 전국 팔도에서 성을 쌓기 위해 장정들이 동원됐어. 조선 초기 한양의 인구가 5만 명이었다고 하는데, 성을 쌓기 위해 동원된 인력만 11만 8천 70여 명이었다니 어마어마한 인력이 투입된 거지. 집채만 한 돌을 사람의 힘으로 일일이 쌓아 올려야 하는 일이라 많은 사람이 동원됐어. 지금처럼 장비가 발달하지 않은 데다, 산과 평지를 이어 가며 성곽을 쌓아야 해서 어려움이 많았어. 그래서 성곽을 쌓다가 죽은 이들도 많았고, 일이 고되어서 도망치는 사람들도 있었어. 도망치다 붙잡히면 호되게 곤장을 맞았다고 해.

성곽길을 걷다 보면 돌에 한자가 새겨져 있는 것을 곳곳에서 발견할 수 있어. 이 한자들은 이 구간이 성곽의 몇 번째 구간인지를 알려 주는 동시에 공사를 맡은 인력들의 출신지, 감독자의 이름, 구간 책임자 등을 알려 줘.

돌에 공사 인력들의 이름과 출신지 등이 적혀 있다.

북악산 정상~숙정문 구간은 함경도 함흥 이남에서 온 장정들이 맡았고, 숙정문~혜화문 구간은 강원도 출신 장정들이 성을 쌓아 올렸어. 혜화문~숭례문 구간은 경상도 장정들이 담당했고, 숭례문~돈의문 구간은 전라도 출신 장정들이, 돈의문~북악산 정상은 황해도와 평안도, 경기도에서 온 장정들이 맡아 지었어. 이렇게 철저하게 기록을 남겨 놓은 선조들의 정신은 분명 본받을 만한 장점이야. 지금도 이렇게 철저하게 감독을 하고 건물을 짓는다면 부실 공사가 없을 텐데 말이야.

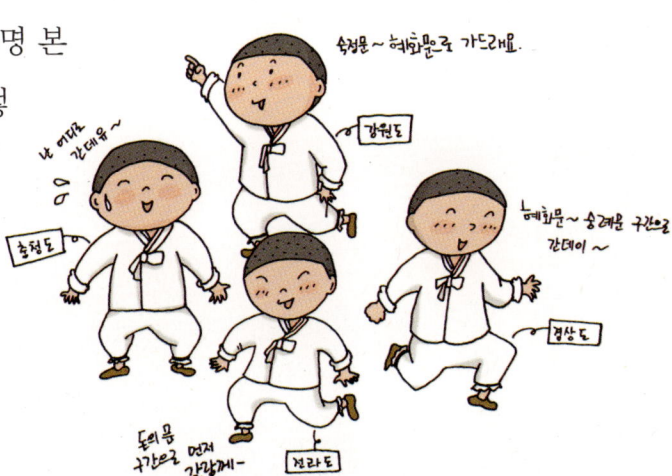

Part 2

한양 도성을 따라서

답사의 시작

이제 본격적으로 한양도성을 따라 길을 떠나 볼까?

한양도성, 오늘날의 서울성곽의 길이는 총 18.2킬로미터로, 서울 강북의 중심인 종로구와 중구, 성북구를 끼고 있어. 조선 시대에는 봄날에 한양도성을 걸으며 꽃이 핀 아름다운 경치를 감상하는 것을 순성 놀이라고 했어. 하지만 굳이 꽃 피는 봄이 아니더라도 어느 계절이건 순성 놀이를 할 수 있지 않겠어?

서울성곽길은 어른들 걸음으로 부지런히 걸으면 하루에도 다 돌아볼 수 있어. 그렇지만 그렇게 무리할 필요는 없어. 이 길을 통해 서울의 과거와 현재, 역사와 만나는 거니까 걷고 싶은 구간을 골라서 동네 산책하듯이 느린 걸음으로 나눠서 둘러보는 게 더 현명하고 적절한 답사 방법이야. 길을 거닐며 만나는 담장이며 풀꽃 들에 눈길을 건네다 보면 한층 더 한양도성에 대한 관심이, 서울의 역사에 대한 관심이 솟아날 거야.

성곽을 돌아보는 방법은 여러 가지가 있어. 원형으로 이어져 있기 때문에 시계 방향으로 돌 수도 있고 반시계 방향으로 오갈 수도 있어. 우리는 북악산 구간을 출발점으로 시계 방향으로 따라 걸으면서 한양도성의 모습을 살펴볼 거야. 왜냐고? 북악산 구간이 바로 조선 시대 한양도성의 출발점이기 때문이지. 조선 초기

북악산 구간 성곽길

성곽을 쌓을 때, 이를 모두 97구간으로 나누어 각 구간을 담당한 인력들이 책임지고 성곽을 쌓도록 했어. 말하자면 공사 실명제인 셈인데, 구간마다 〈천자문〉의 글자를 따라 순번을 붙였어. 그 시작점이 바로 북악산 정상이야. 이곳에 〈천자문〉의 첫 글자인 '天(하늘 천)' 자를 새기고, 마지막 구간에 97번째 글자인 '弔(조상할 조)'를 붙였다고 해.

지금은 서울성곽을 사대문을 중심으로 해서 크게 네 개의 구간으로 나눠. 대부분 서울 시내를 오가는 지하철과 버스 등 대중교통을 통해 쉽게 접근할 수 있지. 그러니까 서울성곽 여행은 사실상 어느 곳에서 시작해도 무방해. 최근에는 서울성곽을 따라 걷는 이들이 늘어나면서 '서울성곽길(FORTRESS TRAIL)'이라 쓴 이정표가 잘 붙어 있으니, 이 표지를 따라 걸으면 돼.

또 사대문마다 '서울 한양도성 스탬프 투어'라는 지도를 무료로 나눠 주고 있는

서울성곽길 이정표

스탬프 투어 지도와 기념 배지

데 거리와 소요 시간이 자세히 나와 있어. 그리고 지도에 사대문의 스탬프를 모두 찍으면 기념 배지를 준단다. 물론 개인적으로 서울성곽을 모두 돌아봤다는 기념물도 되지.

문화재 훼손과 안전사고에 주의하자!

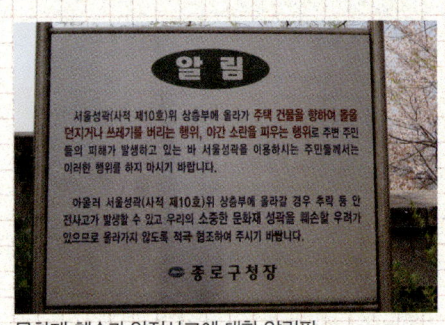
문화재 훼손과 안전사고에 대한 알림판

성곽길을 따라 걷다 보면 종종 이런 경고문이나 안내 표지판을 만날 수 있다. 특히 다른 구간에 비해 낙산 구간 일대는 공원으로 조성돼서 성곽 여장에 기대어 놀거나 성곽 위로 올라가는 사람들이 있는데, 절대 따라 해서는 안 될 일이다. 위험할 뿐 아니라 떨어지면 크게 다칠 수 있다. 더구나 이로 인해 성곽이 훼손될 수도 있다.

또 성곽 근처에 주택가가 있는 경우, 너무 크게 떠들거나 소란을 피우지 않도록 주의해야 한다. 함부로 성곽길가에 자란 꽃과 나무를 훼손하는 일, 성벽에 낙서를 하는 일, 쓰레기를 마구 버리는 일도 모두 해서는 안 되는 일이다. 서울성곽은 우리뿐 아니라 여러 사람이 함께 보고 즐기고 가꾸어야 하는 소중한 우리의 문화유산이기 때문이다.

스탬프 찍는 곳

숭례문 스탬프

흥인지문 스탬프

한 걸음 더 둘러보자!

한양도성을 끼고 있는 서울 종로구청과 중구청에서는 한양도성 무료 해설을 해 준다. 매주 일요일, 4주 일정으로 한양도성 전 구간을 해설하며 안내해 주기도 하고, 4인 이상 팀을 구성하면 언제든지 원하는 시간에 원하는 코스를 안내받을 수 있다. 단, 답사 희망일 3일 전에 인터넷으로 신청해야 한다. 창의문~혜화문 구간, 혜화문~광희문 구간, 숭례문~창의문 구간은 종로구청 관광체육과에 신청하고, 광희문~숭례문 구간은 중구청 문화관광과에 신청한다.

'서울 한양도성 순성'(seoulcitywall.museum.seoul.kr)이라는 웹사이트에서는 구간별 상세한 사진과 동영상을 볼 수 있어서 답사 전 확인하면 좋다.

한양도성 무료 해설
- 종로구청 tour.jongno.go.kr
- 관광체육과 02-2148-1864

- 중구청 tour.junggu.seoul.kr
- 문화관광과 02-3396-4623

 한양의 진산, 북악산 구간

광화문은 조선 시대 왕이 나랏일을 돌보던 궁궐인 경복궁의 남쪽 정문 이름이야. 서울 강북의 중심인 광화문 광장에 서면 북쪽으로 광화문, 경복궁, 북악산이 차례로 보여. 그래서 북악산은 조선 시대 한양의 진산(도읍지를 지키는 중심이 되는 산)으로 불렸어. 북악산에 오르면 발아래로 경복궁과 광화문 등 사대문 안이 훤히 보여. 기와집이 콘크리트 건물로 바뀌었지만, 북악산 아래로 펼쳐지는 광화문, 종로 일대의 풍경은 조선 초기 정도전이 계획한 한양도성의 모습과 크게 다르지 않아. 그래서 제일 먼저 경복궁 뒤편에 우뚝 선 한양의 진산, 북악산 구간을 가 보려고 해.

광화문 일대에서 본 경복궁과 북악산

북악산은 '백악산'이라고도 불리는데, 한양도성이 지나가는 4개의 산 중 가장 높아. 지도를 살펴보면 알겠지만 동북쪽으로 난 숙정문과 서쪽으로 난 창의문 사이에 있어. 이 구간은 지리적으로도 그렇고 현대에 들어서 군사 보호 지역으로 묶여 있었기 때문에 한양도성 중에서도 성곽이 가장 잘 보전되어 있어. 능선을 따라 쌓아 올린 성곽길을 걷다 보면 바람도 시원하고 전망이 좋아서 콧노래가 절로 나와.

출발 전에 알고 가자!

이 구간은 북악산 구간으로 불리는데, 창의문, 숙정문, 말바위안내소에서 접근하는 세 가지 방법이 있다. 창의문에서 출발하는 길은 계단을 따라 올라가야 해서 매우 가파르지만 정상을 지나면 비교적 완만하다. 수월하게 걷고 싶다면 말바위안내소나 숙정문에서 시작해서 창의문으로 내려오는 방법을 권한다. 북악산 구간은 대통령이 사는 청와대 뒤편을 통과하기 때문에 보안상의 이유로 2007년에야 개방되었다. 그래서 말바위안내소나 창의문안내소, 숙정문안내소에서 탐방 신청서를 작성하고 출입증을 받아야 한다. 늦은 오후에는 출입이 통제되니 개방 시간에 맞춰 탐방을 마쳐야 한다.

- 🏠 4.7km, 2시간 30분~3시간 소요
- 🚗 • 창의문안내소(02-730-9924) : 지하철 3호선 경복궁역 3번 출구로 나와 초록 버스 1020, 7022, 7212번을 타고 자하문고개에서 하차
  - 말바위안내소(02-765-0297) : 지하철 4호선 혜화역 1번 출구로 나와 종로 08번 마을버스를 타고 종점에서 하차. 또는 지하철 3호선 안국역 2번 출구로 나와 종로 02번 마을버스를 타고 종점에서 하차. 와룡공원에서 말바위안내소까지는 걸어서 20분 정도 소요
  - 숙정문안내소(02-747-2143) : 지하철 4호선 한성대입구역 6번 출구로 나와 초록 버스 1111, 2112번을 타고 종점(명수학교)에서 하차. 숙정문안내소까지 걸어서 10분 소요
- 🕘 3월~10월 : 09:00~16:00 입장, 18시까지 하산
  11월~2월 : 10:00~15:00 입장, 15시까지 하산
  (월요일 휴무, 월요일이 공휴일인 경우 화요일 휴무)
- 🏠 한양도성 투어 스탬프 찍는 곳 : 말바위안내소
- ☆ 북악산 구간은 창의문안내소와 말바위안내소에만 화장실이 있으니 주의!
- 💻 bukak.or.kr, chf.or.kr

1) 원형이 그대로 유지된 사소문, 창의문

북악산 구간의 출발점인 창의문은 사소문 중 북쪽으로 나 있어서 '북소문'이라고도 불러. 또 이곳에 있는 청운동계곡을 '자핫골'이라고 불렀는데, 그 이름을 따서 '자하문(紫霞門)'이라고도 부르지. 자핫골은 지금은 가 볼 수 없지만 명승지로

최규식 동상

유명한 황해도 개성의 자하동처럼 아름답다고 붙여진 이름이야. 창의문보다는 부르기 쉽고 뜻도 예쁜 자하문이라는 이름이 사람들에게는 더 잘 알려져 있지.

청와대 왼편으로 난 오르막길을 따라 50여 분 정도 올라가면 창의문이 보인단다. 진입로로 향하는 길에는 동상이 하나 서 있어. 1968년 청와대를 습격하기 위해 북한에서 내려온 무장 게릴라 31명과 싸우다 순직한 최규식 경무관의 동상이야. 북한 게릴라가 삼팔선을 넘어 서울 한복판, 그것도 바로 청와대 뒤편까지 내려왔기 때문에 당시 정부는 깜짝 놀랄 수밖에 없었어. 그래서 그 뒤로 이 일대의 보안을 강화하면서 출입 금지령을 내렸지. 근 30여 년 가까이 창의문 일대 성곽에 출입할 수 있는 이들은 군인밖에 없었어. 서울성곽 중 이 일대가 시민들에게 가장 늦게 개방된 이유도 청와대 보안 때문이었어. 북악산 구간이 개방되면서 비로소 서울성곽을 온전히 돌아볼 수 있게 되었지.

한데 조선 시대에도 창의문과 숙정문 등 도성 북쪽에 난 문으로는 일반인의 출입이 거의 이뤄지지 않았어. 풍수지리적으로 북악산이 경복궁을 감싸고 있는 형상인데 거기로 사람들이 드나들면 땅의 기운이 좋지 않다고 여겨서 출입을 금지하고 군사적 목적으로만 쓰였다고 해.

자, 이제 창의문을 꼼꼼히 살펴볼까?

창의문은 사소문 중 옛 모습이 그대로 남아 있는 유일한 문이야. 반듯하게 쌓아 올린 네모난 성돌 사이로 무지개 모양의 출입문인 홍예문이 보이지? 홍예문은 주변을 아치형으로 둥글려서 돌을 쌓았는데, 이를 '월단' 또는 '홍예석'이라고 불러.

창의문 안쪽 홍예문의 가운데 천장에는 서로 마주보며 날고 있는 봉황 한 쌍을 그려 놓았어. 전해 오는 말에 따르면 성문 밖의 산세가 지네와 닮아서 도성 안으로 그 기운이 들어오지 못하도록 지네의 천적인 닭과 닮은 봉황을 새겨 놓은 것이라고 해. 봉황은 닭과 공작을 섞어 놓은 듯한 상상의 새야. 옛사람들은 봉황을 새 중에 으뜸가는 새이자 왕이 정치를 잘하고 나라가 안정되고 걱정거리가 없는 태평성대의 시기에 나타난다고 여겼어. 창의문 안쪽 홍예문 천장에 오색구름과 봉황 한 쌍을 그린 것 역시 태평성대를 바라는 마음을 담은 것이라고 할 수 있어.

　홍예문을 따라 착착 쌓은 성문 벽 양쪽에 불룩 튀어나온 돌은 비가 오면 물이 떨어지게끔 만들어 놓은 배수구야. 창의문 안팎에 각각 두 개씩 있는데, 창의문 현판이 달려 있는 바깥쪽 배수구는 밋밋한 편이야. 그런데 배수구 아래를 자세히 살펴보면 글자가 보여. 장수를 뜻하는 '壽(목숨 수)' 자와 복을 기원하는 '福(복 복)' 자를 새겨 놓았어. 안쪽의 배수구는 마치 연꽃봉오리 같아. 조선 시대의 장인들은

창의문

홍예문 천장의 봉황 그림

창의문 안쪽 연꽃봉오리 모양의 배수구용 돌

이렇게 실용적인 건축물에도 아름다움을 담아내려 했던 거야.

  계단을 따라 문루에 올라가 보면 창의문 안팎이 훤히 보이는데 제법 높은 산에 세워졌음을 알 수 있어. 창의문 너머 부암동은 조선 시대에는 도성 밖에 속했어. 창의문 근처에는 설화 '오성과 한음'의 주인공 이항복이 조선 시대에 지은 별장터가 있어. 그곳은 '백석동천'이라고도 부르는 백사실계곡에 있는데 도롱뇽이 살 정도로 맑은 물과 수려한 경관을 자랑하지. 이곳에 앉아 물소리와 바람 소리를 듣고 꽃과 나무를 구경하다 보면 자연을 즐기는 방법은 옛사람들이나 우리나 별반 다르지 않았을 거라는 생각이 들어.

창의문 바깥쪽 배수구용 돌 밑에 '福(복)' 자와 '壽(수)' 자가 새겨져 있다.

2) 경복궁과 종묘사직

창의문을 지나면 북악산 정상 백악마루로 이어지는 길이 보여. 첫눈에 숨이 막혀. 경사가 매우 가파른 계단길이 끝도 없이 이어져 있거든. 폭이 좁은 계단길이어서 사람이 많으면 사고가 날 수도 있으니 줄을 따라 잘 올라가야 해. 계단길을 오르느라 다리가 아프면 돌고래쉼터에서 잠깐 땀을 식히고 가는 것도 좋아. 돌고래쉼터는 돌고래 모양의 커다란 바위가 있어서 붙여진 이름이야.

이 일대에서는 좌측으로는 북한산 일대가, 우측으로는 서울 시내 일대가

북악산으로 향하는 가파른 계단길

훤히 보여. 특히 북악산 정상인 해발 342미터의 백악마루에 올라서면 남쪽으로 경복궁과 광화문 일대가 펼쳐져 있지. 날씨가 좋으면 멀리 여의도 일대까지 볼 수 있어. 등을 돌려 북쪽으로 돌아서면 서울성곽 바로 아래 부암동과 세검정 일대, 북한산의 족두리봉과 향로봉, 비봉, 보현봉이 손에 잡힐 듯 가까워. 서쪽으로는 인왕산 능선을 따라 쌓은 한양도성이 또렷하게 보여.

다시 도성 안쪽으로 몸을 돌려 보자. 가장 먼저 눈에 띄는 것은 산 아래 펼쳐진 경복궁과 광화문, 그리고 광화문을 따라 남쪽으로 뻗은 세종로야. 경복궁 왼편으로 조금 떨어진 곳에는 창덕궁과 창경궁, 종묘 일대가 보여. 이렇게 한양도성 안에는 경복궁, 창덕궁, 창경궁, 경희궁, 덕수궁 등 모두 5개의 궁궐이 지어졌어.

조선이 건국할 때부터 궁궐이 이렇게 많았던 것은 아니야. 조선 시대에 왕이 거

경복궁의 정문인 광화문

처하고 집무를 보는 정궁으로 가장 먼저 지은 궁궐은 경복궁이야. 이후 태종(조선 제3대 왕) 때 창덕궁이 세워졌어. 그런데 조선의 왕들은 경복궁보다는 창덕궁에 살기를 좋아했어. 그래서 임진왜란 때 도성 안의 궁궐들이 불타고 파괴된 후에도 경복궁보다 창덕궁을 먼저 고쳐 지었어. 경복궁은 오랜 기간 폐허로 버려져 있다가 조선 말기 고종(제26대 왕)의 아버지인 흥선 대원군에 의해 다시 지어졌지. 그러나 일제 강점기

궁과 궐이란?

경복궁 근정전(외전)

경복궁 강녕전(내전)

'궁궐'은 한 단어처럼 불리지만, 본래 궁은 왕과 그 가족들이 사는 공간인 동시에 왕족을 돌보는 업무를 맡은 궁인들이 살던 곳이다. 궁인으로는 궁녀와 내시가 있다. 궁은 그래서 '내전'이라고도 한다. 궐은 왕이 나랏일을 돌보던 공식 업무 공간을 말한다. 대신들이 드나들며 정사를 의논하고 궁을 지키는 군인들이 머물기도 했다. 이런 공식 업무를 수행하는 공간을 '외전'이라고 칭했다. 그래서 일반적으로 궁궐에는 내전 영역과 외전 영역이 공존한다.

궁궐은 어떤 시설을 갖추고 있느냐에 따라 정궁, 이궁으로 나뉜다. 왕이 머무는 '정궁', 왕비가 머무는 '중궁', 왕세자가 머무는 '동궁', 대비가 머무는 '서궁', 왕의 후궁이 머무는 '빈궁', 왕세자빈이 머무는 '빈궁' 등 6개의 궁을 모두 갖추어야 '정궁'이라고 불렀다. 경복궁이 정궁에 해당하고, 창덕궁은 처음 지어질 당시에는 이를 모두 갖추지 못해 '이궁'이라고 불렀다. 정궁은 또 왕이 공식 활동을 하며 일상생활을 하는 으뜸 궁궐을 가리키는 말이기도 하다. '법궁'이라고도 했다.

사직단

종묘

에 궁궐 안의 많은 전각이 사라지고 조선총독부 건물이 들어서면서 원형이 크게 훼손되었어. 그래서 지금도 복원 작업이 이뤄지고 있어.

옛 지도에서 보면 경복궁은 한양도성의 중심이 아니라 북서쪽에 치우쳐 있고, 한양의 도로는 비대칭이야. 한양은 내사산에 둘러싸인 원형의 분지인 데다, 정궁인 경복궁이 한양도성의 북서쪽에 치우쳐 배치되어 대칭형의 도시 구조가 되기 어려웠어. 그래서 한양도성을 가로지르는 종로를 중심으로 해서 남북으로 실핏줄처럼 이를 연결하는 시가지가 들어섰어.

그렇다면 왜 이렇게 북악산 바로 아래에 궁궐을 지었을까? 그건 이 일대가 외적 방어에 유리한 지형이었기 때문이야. 조선을 세운 무인 출신의 태조 이성계는 한양도성뿐 아니라 정궁인 경복궁을 지을 때도 방어를 최우선으로 여겼던 거지.

정궁인 경복궁 좌우에는 종묘사직이 들어섰어. 인과 예를 중시하는 유교를 국가 이념으로 삼은 조선에서는 조상에 대한 제사와 땅과 하늘에 대한 제사를 중히 여겼어. 종묘는 역대 왕의 혼령에 제사를 지내는 곳이고, 사직단은 땅과 곡식을 관장하는 신에게 제사를 지내는 공간이야. 역사를 소재로 한 영화나 사극에서 "폐하, 이 나라 종묘사직이 위기에 처했습니다. 종묘사직을 지키소서."라는 대사를 들어 본 적이 있을 거야. 농업 국가였던 조선은 사대부 다음으로 농사일을 하는 농부를 가장 우대했어. 기술자인 공인이나, 장사꾼인 상인보다 더 중요하게 여겼지. 한데 농사를 짓는 데에는 사람의 힘뿐 아니라 해와 비, 바람의 힘이 필요해.

그래서 가뭄이 들면 왕은 사직에 나아가 제사를 지냈어. 또 나라에 흉년이 들거나 가뭄, 우박, 풍해 등 자연재해가 들어도 이는 모두 왕의 덕이 부족해서 벌어진 것으로 해석되었어. 그때마다 왕은 사직단에서 제사를 지내 하늘의 노여움을 풀고 해가 들고 바람이 적당히 부는 순조로운 날씨를 기원했어.

경복궁의 정문인 광화문에서 시작되어 남쪽으로 펼쳐진 세종로는 조선 시대에 '육조거리'라 불렸어. 조선 왕조의 주요 정치 기구인 의정부와 삼사, 육조가 몰려

한 걸음 더 둘러보자!

경복궁
- 서울시 종로구 사직로 161
- 지하철 3호선 경복궁역 5번 출구나 5호선 광화문역 2번 출구에서 도보 5분
- 문화재안내실 02-3700-3904, 음성안내기 02-737-5348
- 11월~2월 09:00~17:00, 3월~10월 09:00~18:00 (화요일 휴무)
- 어린이 무료, 성인 3000원 (매월 마지막 주 수요일 무료)
- royalpalace.go.kr

종묘
- 서울시 종로구 종로 157
- 지하철 1, 3호선 종로3가역 11번 출구에서 도보 7분
- 02-765-0195
- 09:20~16:20, 1시간마다 문화재 해설사와 함께하는 단체 관람 (토요일과 매월 마지막 주 수요일만 자유 관람)
- 어린이 무료, 성인 1000원 (매월 마지막 주 수요일 무료)
- 매년 5월, 11월 종묘대제 행사 개최. 일정은 전주이씨 대동종약원 홈페이지(rfo.co.kr) 참조
- jm.cha.go.kr

사직
- 서울시 종로구 사직동 1-48 사직공원 안
- 지하철 3호선 경복궁역 1번 출구에서 도보 10분
- 02-731-0536
- 사직공원은 종일 개방하지만 사직단은 비공개
- 무료
- 매년 9월 사직대제 행사 개최. 일정은 전주이씨 대동종약원 홈페이지(rfo.co.kr) 참조

있었기 때문이야. 삼사는 조선 시대 언론 기능을 맡은 사헌부, 사간원, 홍문관을 칭하고, 육조는 이조, 호조, 예조, 병조, 형조, 공조를 말해. 지금은 세종로가 남쪽의 서울역까지 뻗어 있지만 조선 시대에는 황토현(지금의 광화문사거리)에서 막혀 있었어.

육조거리가 끝나는 곳에 동서 방향으로 뻗어나간 운종가, 즉 지금의 종로가 들어섰는데, 종로를 따라 '육의전'이라는 시장이 들어섰어. 지금은 육의전이 종로를 따라 늘어선 상가와 동대문 근처에 들어선 시장들로 대치되었지.

참, 광화문에서 종로 1가 일대에 최근 들어선 고층 건물 중에는 건물을 지으면서 찾아낸 조선 시대 육의전과 육의전 뒤편의 주거지 흔적을 그대로 볼 수 있게끔 건물 1층이나 입구에 전시 시설물을 만들어 놓은 곳도 있어. 이곳에서 조선 시대 건물의 주춧돌이나 온돌 구조물을 확인할 수 있어.

3) 숙정문 가는 길

백악마루를 따라 숙정문으로 향하는 길은 현재 남아 있는 서울성곽 중 가장 성곽이 잘 보존되어 있는 구간이야. 산세가 험하고 군사 제한 지역으로 묶여 있어서

종로 1가 일대. 조선 시대 육의전 뒤편 주거지의 흔적들

1.21사태 때 맞은 총탄 자국이 남은 소나무

청운대

청운대에서 암문으로 가는 길

암문 옆 성벽은 시대별 축조 기술의 차이를 잘 보여 준다.

개발이 어렵고, 사람들의 출입이 많지 않았기 때문이지. 백악마루에서 숙정문 방향으로 내려가다 보면 총탄에 맞은 소나무가 보여. 1968년 1월 북한에서 내려온 무장 게릴라와 우리 군경과의 총격전이 벌어진 1.21사태 때 무려 15발이나 총을 맞은 소나무야. 소나무의 총탄 자국을 보면 그날의 총격전이 얼마나 치열했는지 알 수 있지.

'푸른 구름이 머무는 곳'이라는 뜻을 지닌 청운대는 전망이 꽤 좋아. 이곳에서는 경복궁과 광화문사거리가 정면으로 보여.

청운대를 지나면 구름다리가 나오는데, 지금까지는 성곽 안쪽을 따라 걸었지만 여길 통과해서 약 100미터가량은 성곽 밖을 따라 걷게 돼. 비밀 통로인 암문 옆으로 길게 이어진 성벽은 시대에 따라 달라지는 성곽 축조 기술을 한눈에 보여 줘. 성벽 앞에는 시대별로 성을 쌓는 기술이 어떻게 달라져 왔는지를 그림과 함께 설명해 주는 표지판이 세워져 있어. 표지판의 그림과 성벽을 비교해 보면서 잘 살펴봐.

길은 암문에서 다시 성곽 안쪽으로 이어져. 이 일대에는 곡장이 설치되어 있어. 곡장은 원형으로 돌출되어 나온 시설물이라고 앞서 설명했어. 실물을 보니 어때? 이렇게 튀어나와 있으니 적을 살피기에도 좋고, 성벽을 따라 접근하는 적을 공격하는 데도 유리했겠지? 실제 이곳 곡장에 서면 북악산과 인왕산을 따라 쌓아 올린 한양도성이 훤히 보이고 북한산·봉우리도 다 보여서, 적의 동태를 파악하기에는 최적의 장소임을 알 수 있어. 성곽을 쌓기 힘든 험준한 산세이지만 방어를 하기에는 최적인

곡장

총안 사이로 바라본 서울의 모습

곳에 곡장을 지어서 한양도성의 방비를 튼튼히 하고자 한 조상들의 지혜에 감탄하고, 거대한 돌을 다듬어서 쌓은 손길을 생각하면 절로 대단하다는 존경심이 솟아.

이제부터 숙정문까지는 성곽 안쪽 계단을 따라 비교적 편히 걸어갈 수 있어. 성곽 경계를 따라 지은 여장 사이에는 비상시 적을 공격할 수 있게끔 총안이 나 있는데, 지금 총안 너머로는 울창한 숲과 북한산 아랫자락에 들어선 평화로운 주택가의 모습이 보여. 한적한 동네에서 시선을 돌리면 멀리 빽빽하게 들어선 아파트 단지들이 보여. 참 서울이 넓고도 깊다는 생각이 들어.

그렇게 길을 따라 내려가다 보면 어느새 숙정문이 나와. 1395년 조선 태조 때

숙정문은 사대문 중 유일하게 성곽과 이어져 있다.

숙정문 누각　　　　　　　　　　　　　　　　말바위안내소

　지어진 숙정문은 도성의 북대문으로서, 사대문 중 가장 높은 곳에 있어. 또 현재 남아 있는 사대문 중 흥인지문과 숭례문이 성곽이 잘린 채 홀로 서 있는 것과 달리, 숙정문은 사대문 중 유일하게 양옆으로 성곽이 이어져 있어. 그래서 조선 시대 성문의 원형을 찾아볼 수 있지. 그러나 사람들의 출입이 비교적 드물고, 험한 곳에 세워서 규모는 작은 편이야. 숙정문 일대는 숲이 울창해서 서울 도심에 위치한 숭례문이나 흥인지문과는 사뭇 다른 느낌이야.

　숙정문은 한양과 동북 지방을 잇는 관문이었지만, 지세가 험하고 풍수지리적으로 사람이 드나드는 것이 좋지 않다 하여 1413년부터 문을 폐쇄하고 길에 소나무를 심어 통행을 금지했어. 그래서 실질적인 북대문의 역할은 이보다 동쪽에 세워진 혜화문이 하게 됐지.

　숙정문을 따라 20여 분 정도 걸어가면 말바위안내소가 나와. 이곳에서 와룡공원으로 내려가면 북악산 구간 답사는 끝이 나.

서울 성곽은 살아 있는 건축사 박물관

성벽을 자세히 살펴보면 조금씩 돌의 모양이나 크기가 다르고, 돌을 쌓아 올린 모양도 다르다는 것을 알 수 있다. 시대에 따라 성곽을 쌓는 기술이 달랐기 때문이다.

태조 때 처음 한양도성을 쌓을 때는 평지는 흙으로 쌓고, 높고 험한 곳은 돌을 거칠게 깨서 쌓았다. 하지만 추운 겨울과 짧은 기간이라는 악조건 속에서 작업을 진행하다 보니 어려움이 많았다. 공사를 미처 다 끝마치기도 전에 농사철이 다가와 공사를 2월까지만 진행하고 중단해야 했다. 공사가 남은 구간도 많았지만, 공사에 동원된 장정들은 자기 고향으로 돌아갔다. 그러나 그해 여름, 폭우로 성곽 일부가 무너져 성벽을 보수하고, 미처 완성하지 못한 흥인지문 일대를 마무리했다. 또 평지를 흙으로 쌓은 구간 중 빗물에 잘 쓸려 가는 구간은 돌로 고쳐 쌓고, 높이가 낮은 석성은 좀 더 높게 쌓았다. 성문이 없는 곳은 성문을 지어 올렸다.

그러나 제아무리 튼튼한 건축물이라도 오래되고 낡으면 보수를 해야 하듯이 성곽도 마찬가지다. 20여 년 뒤인 세종 때, 1422년 1월 성곽 전체를 보수하기로 했다. 이번에는 흙 대신 돌로 전 구간을 쌓기로 했다. 32만 명이 동원되어 흙을 쌓아 만든 평지의 토성을 모두 석성으로 고쳐 쌓았다. 이때부터 돌을 어느 정도 규격에 맞춰 가공하여 아래에는 무겁고 큰 돌을, 위로 갈수록 작은 돌을 쌓아 올렸다.

300여 년 뒤, 숙종(조선 제19대 왕)은 한양도성의 수도 방비 기능을 보강할 필요성이 있다며 대대적인 도성 정비 사업을 벌였다. 약 5년간에 걸쳐, 수도 방위 업무를 맡은 훈련도감, 총융청, 수어청, 금위영, 어영청의 군사들로 하여금 성곽을 보수하도록 했다. 성돌은 가로세로 2척(약 60cm) 크기의 사각형으로 매끄럽게 다듬어서 켜켜이 쌓아 올렸다. 수직으로 쌓아 올린 성곽은 이전보다 훨씬 견고했다.

태조 때

태조, 세종, 숙종 모두 똑같이 돌이라는 재료로 성곽을 쌓았지만, 보수 방법은 이렇게 시대별로 조금씩 달랐다. 그래서 서울성곽은 조선 시대의 살아 있는 건축사 박물관이기도 하다. 성곽을 따라 걷다 보면 대략 어느 시기에 고쳐 지은 것인지 알 수 있다.

태조 때 지은 성곽은 돌을 거칠게 다듬어서 불규칙하게 쌓아 올렸고, 세종 때는 흙 대신 돌로 성곽 일부 구간을 보수하면서 비교적 직사각형이나 사각형에 가깝게 다듬은 돌을 크기대로 쌓아 올렸다. 가장 늦은 숙종 때 보수한 구간은 마치 칼로 두부를 자르듯 반듯하게 돌을 자른 뒤 쌓아 올려서 바둑판 모양을 하고 있다.

세종 때

또 서울성곽의 특징 중 하나는 성벽을 쌓을 때 밑바닥은 면적을 넓게 잡고, 위로 올라갈수록 돌을 조금씩 안으로 밀어 넣으면서 쌓았다는 점이다. 이렇게 쌓으면서 우리가 보듯이 성곽 벽면에 자연스러운 경사가 생겼다. 이 방법은 이미 고구려 시대에 쌓은 산성에서도 발견된다.

숙종 때

 # 살아 있는 도시, 변화하는 성곽, 낙산 구간

낙산 구간은 성북동과 혜화동, 삼선동, 동숭동 일대를 끼고 있어. 일부 구간이 사라지기는 했지만, 혜화문~흥인지문까지는 비교적 성곽이 잘 보존되어 있고 눈앞을 가리는 큰 건물이 없어서 호젓하게 걷기에 좋아.

출발 전에 알고 가자!

와룡공원에서 혜화문까지 가는 길 중 서울과학고등학교~혜화문 부근까지는 성곽이 많이 소실됐다. 그러니 '서울성곽길' 표지를 잘 보고 가자. 경신고등학교 담장 아래 일부 성돌이 보이지만 주택가가 나오면 성곽의 흔적은 사라진다. 그러다 혜화문 부근에 이르면 다시 성곽의 흔적을 찾을 수 있다.
낙산공원 암문에서부터는 성곽 양방향으로 갈 수 있다. 길은 매우 수월한데, 장수마을 일대에 급경사가 있다.

- 와룡공원~혜화문 1.2km, 약 30분 정도 소요
  혜화문~흥인지문 2.3km, 약 1시간 10분 정도 소요
- 혜화문으로 바로 갈 경우
  지하철 4호선 한성대입구역 5번 출구로 나와 혜화동로터리 방향으로 150미터 정도 직진한다.

1) 실질적인 한양의 북문, 혜화문

혜화문은 사소문 중 북쪽으로 난 북소문이야. 그러나 출입이 금지된 숙정문을 대신해 실질적인 한양의 북문 역할을 해 왔어. 조선 시대 여행객들은 이 길을 통해서 한양의 동북쪽에 있는 양주나 포천, 함흥 등으로 떠났지.

1397년 태조 때 설치한 혜화문의 본래 이름은 '홍화문(弘化門)'이야. 그러나 성종(조선 제9대 왕) 때 창경궁을 짓고 동문에 '홍화문'이라는 이름을 붙이면서 '혜화문(惠化門)'으로 이름을 바꾸었어.

혜화문의 홍예문 중앙 천장에도 두 마리의 봉황이 서로 마주보고 있어. 한데 봉황이 그려진 천장도 그렇고 성문도, 성벽도 조선 시대의 것이라 보기에는 너무 새 것 느낌이 나지? 게다가 도로와 뚝 떨어져서 언덕에 외롭게 서 있는 것도 이상해.

혜화문

지금의 혜화문은 1994년에 복원되어서 그 역사가 20여 년 정도밖에 안 돼. 일제 강점기, 혜화문이 있던 자리에 성곽 안팎의 동네를 잇는 전차 선로가 놓이면서 성문이 철거됐고, 전차가 운행을 중단한 이후에는 지금 보이는 8차선 도로가 놓이면서 혜화문은 본래 자리를 찾지 못하게 됐지.

 제자리가 아닌 곳에 현대의 석재와 목재로 쌓은 혜화문은 조선 시대의 혜화문과 동일한 문으로 봐야 할까, 아니면 전혀 다른 건축물이라고 여겨야 할까? 여기에 문화재 복원의 딜레마가 있어. 딜레마란 두 가지 중 하나를 선택해야 하는데 어떤 하나를 선택해도 최선의 결과라 보기 어려운, 곤란한 상황을 말해.

 아무리 가치 있는 옛 유적이라고 해도 한번 사라지고 나면 쉽게 복원하기가 어려워. 이미 그 자리에 다른 건물이 들어서기도 하고 도로가 나기도 하는 등 도시는 사람들의 삶과 함께 끊임없이 변화하거든. 그렇다고 옛 건물을 그대로 복원해서 세워 놓으려고 해도 혜화문처럼 여러 이유 때문에 제 위치가 아닌 곳에 들어설 수도 있어. 이제 문화재 복원의 딜레마를 이해할 수 있겠지? 더불어 우리 선조들이 물려준 옛 유산을 더욱 소중히 여겨야 하는 이유도 바로 여기 있어. 한번 훼손되면 원형을 찾기 어렵기 때문이야.

혜화문 천장 봉황 그림

혜화문 성벽

성곽의 훼손과 복원

아파트 주차장 담벼락이 된 성곽

한양도성은 언제부터 수난을 겪었을까? 구한말(조선 말기~대한 제국)에 촬영된 사진이나 엽서 등을 보면 그때만 해도 한양도성은 온전히 남아 있었다. 한데 100여 년 전, 대한 제국은 힘이 약해져서 우리나라를 노리는 강대국들 사이에서 아슬아슬하게 줄타기를 해야 했다. 그러다 결국 일본 제국주의에 주권을 잃고 36년간 지배를 당했다. 그때 일제는 우리나라를 근대화시킨다는 명분으로 한양도성을 부수고, 문을 철거하고, 도로를 내고, 기찻길을 놓았다. 조선 시대의 지방 관청이 있던 읍성도 마구 파괴됐다. 전주의 경우, 성곽의 일부였던 돌이 서양식 건물을 짓는 데 주춧돌로 사용되기도 했고, 제주도에서는 항구를 만들기 위해 바다를 메우는 데 제주 성곽의 돌이 사용되기도 했다. 또 서울의 경우, 인구가 늘면서 성곽 바로 아래까지 집들이 들어서 성곽은 가정집의 담벼락이 되기도 했고, 아파트 주차장 담벼락으로 숨어들기도 했다.

불과 100여 년 만에 수천 년, 수백 년의 역사를 간직한 공간들이 사라져 버린 것이다. 선조들의 삶의 일부를 이루던 공간들이 사라지면서 사람들의 기억도 희미해지고, 그러다 아무도 그걸 기억하지 못하게 되면 그 자리에 무엇이 있었는지조차 잊히게 된다.

최근 십여 년 사이 우리나라의 역사와 문화를 바로 세우자는 움직임이 크게 일면서 옛 성곽이나 마을 길을 복원하는 움직임이 활발하게 일고 있다. 다행히 옛날에 그린 그림과 지도, 사관이 쓴 기록, 공문서 등이 남아 있어서 이를 바탕으로 옛 성곽의 흔적을 복원할 수 있게 되었다. 기록이 중요한 이유이다. 그러니 성곽길을 답사할 때 자기의 생각이나 느낌을 기록해 놓는 일이 필요하다. 사진을 찍어 놓으면 기록도 되고, 나중에 기억을 떠올리는 데도 도움이 될 것이다. 혹시 아는가? 내가 찍어 놓은 사진, 기록해 놓은 글이 먼 훗날 서울성곽의 역사를 쓰는 데 보탬이 될지?

2) 낙산에서 보는 서울의 풍경

혜화문이 제자리를 찾지 못하고 복원되면서 가장 불편한 점은 성곽이 끊겨 버려서 횡단보도나 지하철역을 거쳐서 빙빙 돌아가야 성곽길을 찾을 수 있다는 거야. 그렇지만 이곳에서부터 낙산공원까지의 성곽길은 매우 수월한 편이야. 북악산 구간처럼 심한 경사가 없이 대부분 걷기 평평한 길이거든. 예전에 성곽을 복원하기 전에는 성벽 바로 아래에 주택들이 마구잡이로 들어서서 접근하기가 어려웠

혜화문에서 바라본 낙산 성곽길

지만, 지금은 낡은 주택들을 철거하고 산책로를 만들어서 걷기 편해졌어. 비바람에 닳고, 이끼가 끼는 등 오랜 세월이 묻어나는 성벽 곳곳에는 공사를 맡은 인력들의 출신지나 이름 같은 글자가 새겨진 성돌이 보이지. 이 구간은 충청도 영동의 장정들이 와서 쌓아 올렸어.

이렇게 해서 성곽길을 따라 걷다 보면 비밀 통로인 암문이 보여. 낙산 구간에는 총 3개의 암문이 남아 있는데, 암문을 따라 들어가면 낙산공원이 나와. 낙산은 해발 120미터로, 북악산을 가운데 놓고 바라보면 오른쪽에 해당하며 서쪽의 인왕산과 함께 한양을 감싸는 모양을 하고 있어. 낙산은 다른 내사산들과 달리 비교적 편평한데, 예전에는

혜화동 일대 성곽

• 53

낙산 암문

낙산공원

이 자리에 아파트가 있었어. 1960~70년대에 서울 곳곳 산자락마다 시민 아파트를 세웠는데, 부실 공사로 낡고 위험해지면서 철거하고 이렇게 공원으로 바뀐 경우가 많아.

조선 시대에는 이 일대에 숲이 울창하고 맑은 계곡물이 흘렀다고 해. 조선 시대에는 신분이 높고 돈 많은 양반들이 경치 좋은 곳에 별장을 세우고 풍류를 즐기는 관습이 있었어. 이 같은 활동을 통해 아름다운 시, 멋진 그림이 그려져 아름다운

낙산공원 성곽길

우리 유산으로 전해지고 있으니 사치스러운 풍습이라고 비난할 수만은 없어. 그러나 일제 강점기 이후에는 서울로 사람들이 몰려들면서 산자락은 가난한 이들이 모여 사는 '달동네'가 되었지. 지금은 이렇게 공원으로 바뀌어서 누구라도 여기 오르면 서울의 풍경을 감상할 수 있으니 다행이지 뭐야.

본래 낙산 일대에는 주택가가 몰려 있었어. 그래서 지금처럼 성곽 주변을 공원으로 만들기 전에는 성벽 훼손이 심했어. 인구는 늘어나는데 서울의 땅은 한정돼 있으니 이런 곳에까지 정부가 신경을 쓰지 못하던 시절, 마구잡이로 집을 지으면서 성곽이 개인 주택의 담장으로 전락했거든. 이후 한양도성을 정비하면서 성곽 바로 아래 들어섰던 주택들을 철거하고 공원을 만들었지.

성곽을 중심으로 이화동과 창신동이 나뉘는데, 이 일대는 서울에서 보기 드물게 골목길이 잘 남아 있는 지역이기도 해. 골목은 좁지만 집집마다 국화와 봉숭아, 고추며 상추를 키우는 작은 화분을 내놓고, 빨래를 널어놓은 풍경은 반듯반듯하고 깔끔하기만 한 아파트 단지 풍경과는 달라. 사람 사는 냄새가 난다고 할까?

3) 조선 최고의 교육 기관, 성균관

　낙산 성곽 아래쪽은 동숭동, 혜화동이라는 지역인데 거리 이름을 따서 대학로라고도 불러. 연극, 뮤지컬 등 공연장과 각종 음식점, 카페가 자리 잡고 있어서 젊은이들을 많이 볼 수 있어. 대학로라는 거리 이름이 생긴 것은 이곳에 해방 이후부터 1975년까지 우리나라 최고의 국립 대학인 서울대학교가 있었기 때문이야. 그렇지만 서울대학교 이전에 세워진 우리나라에서 제일 오래된 대학이 이곳에 있어. 바로 '성균관'이야.

　성균관은 고려의 성균관 제도를 따라 세운 조선 시대의 국립 대학이야. 조선 시대 최고의 국가 교육 기관이었어. 고려 시대에도 성균관이 있었는데, 성균관에는 논밭과 노비가 따로 딸려 있어서 성균관에서 공부하는 유생들의 생활을 도왔어. 지금의 성균관대학교 앞 혜화동 일대에는 성균관에서 잡일을 하는 이들이 모여 마을을 형성했어. 고대 중국에서 학교를 지칭하던 '반궁'을 따서 성균관을 '반궁'이라 부르고, 마을도 '반촌', 반촌에 사는 사람을 '반민', 혹은 '반인'이라 불렀어.

　당시 반촌에는 여러 신분의 사람들이 어울려 살았는데, 특히 성균관에서 공자의 사당에 제사를 지내는 데 쓰일 고기를 도살하는 백정들이 많이 살았다고 해. 농업 국가인 조선에서 소는 단백질을 공급하는 음식이라기보다는 노동력을 제공하는 동물로 매우 귀하게 취급돼서 소고기를 먹는 일이 거의 금지되어 있었어. 그러나 성균관 유생들에게는 별식으로 매달 소고기를 재료로 한 음식이 제공됐어. 다른 이들은 소고기를 먹지 못하게 하고 유생들에게만 먹게 한 것은 고기를 먹고 힘내서 공부를 열심히 하라는 뜻이 아니었을까?

　한편 성균관 유생 중에는 성균관 안 기숙사에 살지 않고 밖에 나와 반촌에서 하숙을 하는 이들도 꽤 있었어. 그래서 반촌은 언제나 성균관 유생들로 북적거렸다고 해. 오늘날 대학생들로 북적거리는 대학가 풍경과 크게 다를 바가 없지?

한 걸음 더 둘러보자!

이 일대에는 근현대기를 살다 간 다양한 예술인들의 창작 공간이 자리 잡고 있다. 승려이자 시인으로 항일 운동을 펼친 만해 한용운이 살던 심우장, 소설가 이태준의 자취가 서린 수연산방, 귀중한 우리 문화재를 보존하여 봄가을 특별 전시회로 사람들의 발걸음을 잡는 간송미술관, 국립중앙박물관장을 역임하며 우리 문화재의 아름다움을 알리는 데 일조한 최순우 선생이 머물던 최순우 옛집, 근대 조각가 권진규의 작업실 등이 있다. 성곽 탐방길에 잠시 짬을 내서 함께 둘러봐도 좋다. 또 와룡공원 일대 성곽에는 조명 시설이 설치되어 있어 저녁 이후 간송미술관이 있는 성북초등학교~수연산방 방향에서 성곽을 살펴보면 멋진 성곽 야경을 볼 수 있다.

최순우 옛집

성균관 명륜당

 # 도성의 수문, 흥인지문 구간

한양도성 지도를 살펴보면 알겠지만, 한양도성의 사대문은 정동, 정서, 정북, 정남 등 정 방향에 세워진 것이 아니라 조금씩 비켜나서 세워졌어. 그래서 사대문을 기준으로 한양도성을 네 구간으로 구분하면 흥인지문에서 남서쪽으로 난 숭례문에 이르는 구간이 제일 긴 편이야. 거의 서너 시간이 걸리는 긴 구간이니 자주 휴식을 취하고, 걷다 힘들면 다음에 답사하도록 해.

흥인지문~동대문역사문화공원~광희문 구간은 한양도성 중 성곽이 가장 심하게 훼손되고 사라진 구간이야. 도로와 건물이 들어선 지 오래되면서 옛 모습으로 복원하기가 매우 어려워졌어.

광희문을 지나서 비좁은 신당동 주택가를 지나 장충체육관 옆으로 들어서면 다시 성곽을 만날 수 있어. 이 길을 따라 계속 걸어가면 아름다운 남산 숲길이 나오는데 경사가 조금 가팔라.

호젓하게 남산을 걸어 숭례문으로 내려오면 조선 시대에 지어진 성곽은 보기 힘들어. 일제 강점기에 훼손이 많이 된 데다 대형 시장과 주요 관공서, 상업 시설, 주요 도로가 빽빽하게 들어섰기 때문이지.

출발 전에 알고 가자!

- 6.3km, 4시간 이상 소요
- 흥인지문은 지하철 1, 4호선 동대문역 6번, 7번 출구로 나오면 바로 보인다.
- 한양도성 투어 스탬프 찍는 곳 : 흥인지문 옆 흥인지문관리소(02-731-0808)
- ☆ 흥인지문 구간은 구간이 기니 마실 물을 챙기고 중간중간 쉼터에서 꼭 휴식을 취하자. 신라호텔과 한국자유총연맹, 반얀트리호텔을 지나는 성곽 안쪽 구간은 오후 6시부터 다음 날 오전 9시까지 통행이 금지돼 있다. 이 길은 한적할 뿐더러 봄이면 꽃나무가 환하게 피어 있고, 가을에는 단풍이 아름답게 들어서 호젓하게 걷기 좋다.

1) 동대문을 열어라

꼬불꼬불한 낙산 성곽의 골목길을 지나 내려오면 어느새 동대문으로 더 잘 알려진 흥인지문이 나와. '흥인문'이라고도 하는데, 현판에는 '흥인지문(興仁之門)'이라고 쓰여 있지.

처음 도성을 쌓을 당시인 1396년에는 흥인지문이 완성되지 못했어. 지금의 동

흥인지문

대문 일대는 평지에다 땅 표면이 낮고 습했거든. 한양 한복판을 관통하는 개천(지금의 청계천)이 도성 북서쪽에서 시작해서 동대문 일대를 통과하여 도성 밖 살곶이다리(지금의 한양대학교 근처) 방향으로 흘러갔어. 즉, 동대문 일대는 도성 안에서 가장 지대가 낮은 지역이었던 거지. 게다가 땅 표면이 약해서 무려 3미터가량이나 땅을 돋운 뒤에 화강석으로 벽을 쌓고 그 위에 문루를 세웠어. 성곽을 쌓고 나서 흥인지문의 홍예문과 문루가 완성되고, 그 이후 옹성을 쌓았지. 그러나 흥인지문은 그 뒤로도 여러 차례 보수되었어. 건물의 문제라기보다는 땅 표면이 약해 성벽이 기울어지고 벌어져서 이를 보수해야 했지.

　흥인지문은 다른 사대문과 달리 조금 특별한 구조물을 갖추고 있어. 바로 옹성이야. 사대문 중 유일하게 흥인지문에만 옹성이 설치됐어. 흥인지문은 다른 성문과 달리 평지에 설치되었는데, 이 때문에 방어에 유리하게끔 반원 형태로 성문을 감싸는 옹성을 설치했지. 그러나 옹성의 존재가 무색하게도 임진왜란 당시 사대문 중 가장 먼저 왜적에게 함락되었어.

　흥인지문은 왕이 도성 동쪽에 있던 선대 왕의 능에 행차할 때 드나드는 문이었어. 따라서 그에 걸맞은 격과 위엄을 갖추기 위해 숭례문보다는 작지만 돈의문이나 숙정문보다는 큰 규모로 지어졌어. 흥인지문 위에 세운 누각도 단층이 아니라 2층 구조로 지어졌지. 지금은 사라졌지만 흥인지문과 연결된 성곽의 체성 높이도

보수 공사 전(2013년) 흥인지문 옹성

흥인지문 현판

다른 성문보다 1.5미터가량 높았다고 해.

지금 보는 흥인지문은 고종 때 고쳐 지은 거야. 이름도 이전까지 흥인문이라고 부르다가 풍수지리상 땅의 기운이 모자라다고 여겨 이를 보완하기 위해 '之(갈 지)'를 넣어 부르기 시작했다고 해. 숭례

일제 강점기 양쪽 성벽이 잘린 흥인지문

문과 마찬가지로 흥인지문 역시 구한말 전차와 도로를 개설하면서 지금처럼 양쪽 성벽이 잘린 모습이 되었어. 돈의문과 청량리를 연결하는 전차가 흥인지문 안을 통과해 지나다녔지만, 이후 자동차 도로가 점점 확장되면서 지금처럼 사거리 한가운데 외딴 섬처럼 홀로 놓이게 됐지.

성문 놀이

"동 동 동대문을 열어라. 남 남 남대문을 열어라. 12시가 되면은 문을 닫는다."라는 전통 놀이를 하면서 부르는 노래가 있다. 술래 두 사람이 손을 맞대 성문을 만들고, 나머지 친구들은 한 줄로 성문을 통과한다. 노래가 끝나면 술래들은 문을 닫는데, 이때 갇힌 이가 다음 술래가 된다.

노래에서처럼 조선 시대에는 동대문뿐 아니라 도성의 사대문이 시간에 맞춰 문을 열고 닫았다. 사대문을 통해 사람들이 도성 안팎으로 출입을 했는데, 밤에는 성문을 닫고 새벽에는 열었다. 그렇다고 노래처럼 12시에 성문을 닫지는 않았다. 해가 뜨고 지는 시간에 따라 성문을 여닫았는데, 계절에 따라 일출, 일몰 시각이 달라져서 성문을 여닫는 시간 또한 계절에 따라 달라졌다. 밤과 낮의 길이가 비슷한 봄과 가을에는 새벽 4시경 문을 열고 7시 반에 문을 닫았다. 해가 짧은 겨울에는 성문을 새벽 5시쯤 열고 저녁 6시 반쯤 닫았고, 해가 긴 여름에는 새벽 3시쯤 열어서 저녁 8시 반쯤 닫았다.

성문을 여닫을 때는 종각(지금의 종로 보신각)의 종을 쳐서 알렸다. 성문이 닫히는 걸 알리는 종소리는 '인정'이라 하고, 새벽에 성문이 열리는 걸 알리는 종소리는 '파루'라고 했다. 파루는 33번 치고, 인정은 28번을 쳤다. 지방 읍성에서도 마찬가지로 파루와 인정에 따라 성문을 여닫았다.

그럼 성문은 누가 지켰을까? 조선 시대 국왕의 호위와 도성을 지키는 임무를 맡은 훈련도감, 금위영, 어영청 소속 군사들과 오늘날의 서울지방경찰청에 해당하는 포도청 소속 군인이 도성 안팎을 순찰했는데, 이렇게 순찰을 도는 군인을 '순라꾼'이라고 불렀다. 또 도성을 드나들기 위해 백성은 신분증인 호패를 지녀야 했다.

한양도성박물관

흥인지문 북쪽 동대문성곽공원에는 한양도성박물관이 있다. 서울디자인지원센터 건물 안에 들어선 박물관은 각종 유물과 사진, 영상으로 한양도성의 모습을 살펴볼 수 있게 구성돼 있다. 지금은 사라진 돈의문 현판, 사대문 문루에 사용된 기와와 치미, 한양과 관련된 각종 지도와 서적 들이 전시 중이다. 오밀조밀 작은 레고 블록으로 만든 한양도성 모형물에는 나도 모르게 저절로 눈길이 갈 것이다.

- 🏠 서울시 종로구 율곡로 283 서울디자인지원센터 1~3층
- 🚗 지하철 1호선 동대문역 10번 출구나 4호선 동대문역 1번 출구에서 도보 10분
- 📱 02-724-0243
- 🕘 화~일 09:00~19:00 (월요일, 1/1일 휴관)
  11월~2월은 토 · 일 · 공휴일 09:00~18:00
- $ 무료

한양도성박물관

2) 한양의 수로, 오간수문

서울 한복판을 가로지르는 청계천을 조선 시대에는 개천이라고 불렀어. 한양도성 안 작은 물길들은 지금의 광화문 일대에서 만나 지대가 낮은 성 밖 동쪽으로 흘러 중랑천과 만나고, 다시 남쪽으로 흘러 한강과 만나 서해 바다로 흘러갔어.

복원된 오간수문

오간수문의 옛 모습

흥인지문 일대는 평지이지만 지대가 낮고 개천이 가까워서 자주 침수되곤 했기 때문에 문을 세우는 데 꽤 시간이 걸렸어. 그래서 성곽을 쌓으면서 도성의 개천을 따라 흐르는 물이 동쪽으로 빠져나가게끔 수문도 만들었어.

흥인지문을 지나 동대문역사문화공원 방향으로 걷다 보면 오간수교라는 다리를 지나게 되는데, 다리 밑을 보면 넓적한 돌판과 5개의 수문이

청계천에 복원한 오간수문 거북이

보여. 바로 조선 시대 오간수문인데, 성문처럼 물이 드나드는 무지개 모양의 수문을 5개 냈다고 해서 오간수문(혹은 오간수구, 오간수교)이라고 불렀어. 조선 시대의 그림이나 일제 강점기에 오간수문을 찍은 사진을 보면 수문 사이마다 앞머리가 삼각으로 된 낮고 길쭉한 돌이 설치돼 있는데, 이것은 수문이 물의 저항을 적게 받도록 설치한 구조물이야. 그리고 이 돌 위로 길이가 긴 돌을 다시 놓아 마치 다리처럼 통행이 가능하게끔 했지. 그리고 삼각형 구조물의 머리에는 돌로 만든 거북이를 올려놓았어. 거북은 대대로 장수를 상징하는 동시에 사악한 것을 물리치는 힘을 가진 동물로 여겨졌는데, 오간수문에 사악한 것을 막아 내는 바람을 담

오간수교 밑에 설치된 〈준첩계첩〉 타일(왼쪽)과 '준천가'(오른쪽)

은 것이지.

수문 앞에는 쇠창살을 설치했는데, 물길을 따라 흘러내려 온 오물이나 쓰레기를 거르는 역할뿐 아니라, 범죄를 저지르고 몰래 도성 밖으로 도망치거나 불순한 의도로 도성에 잠입하는 이들을 막는 역할도 했어. 조선 중기 명종(제13대 왕) 때, 전염병과 흉년으로 가난한 이들이 먹고살기 어려웠을 당시, 의적으로 일컬어졌던 임꺽정은 도성에 가족을 구하러 들어왔다가 오간수문을 이용해 한양에서 탈출했다는 이야기가 있어.

지금은 청계천을 따라 맑은 물이 흐르지만, 조선 시대 청계천 물은 그리 맑지 않았어. 특히 오간수문 일대는 개천의 하류 지역에 속해서 도성 안 사람들이 쓰고 버린 생활하수와 각종 쓰레기가 밀려들었어. 오랜 세월 물길을 따라 떠밀려 온 흙더미와 부유물이 쌓이다 보니 장마철이 되면 물이 개천을 넘는 일이 다반사였어. 흙과 모래 더미가 쌓여 개천이 평지로 변하고 무릎까지 물이 차올라서 심한 경우에는 집이 떠내려가기도 했대.

그래서 조선 후기 영조(제21대 왕) 때인 1760년 여름, 60일 동안 장정 21만여 명을 동원해서 물이 잘 흐르도록 삽과 삼태기로 청계천 바닥에 쌓인 흙을 파내는 준천 사업을 벌였어. 조선 초기 도성을 쌓는 데 동원되었던 인력보다 2배가량이 투입된 거야. 그리고 돌로 제방을 쌓고는 물이 제방을 넘지 않게 나무를 심었어. 당시 공사가 가장 어려운 곳이 오간수문 앞이었다고 해. 워낙 많은 흙과 모래가 쌓여 있었기 때문이지.

힘든 공사가 끝나고 난 뒤, 영조는 직접 청계천을 살펴보고 이 일을 담당하여 수고한 신하들의 노고를 치하하며 글씨와 그림을 내렸어. 바로 〈준천계첩〉이라는 기록 화첩인데, 장정들이 삽과 쟁기, 소를 이용하여 오간수

오간수문터

문 앞 하천에 쌓인 흙과 모래, 오물을 퍼내는 모습이 생생하게 기록돼 있어. 지금의 청계천 산책로를 따라 걷다 보면 오간수교 아래에 준천 사업을 벌인 영조의 공덕을 찬양하는 '준천가'가 새겨져 있는데, 이 시에는 준천 사업 덕분에 이제 물난리로 고생할 일이 없고 땅기운이 막힘없이 소통이 잘되었다는 구절이 있어. 그만큼 조선 시대에는 물과 땅의 기운을 중히 여겼다는 것을 알 수 있어.

그러나 오간수문은 일제 강점기에 청계천 물길을 넓힌다는 이유로 철거됐어. 지금 있는 오간수문은 청계천을 복원하면서 벽면에 형태만 복원해 놓은 거야. 원래 오간수문이 있던 자리는 동대문에서 동대문역사문화공원으로 가는 도로변의 잔디밭에 표시되어 있으니 눈여겨보도록 해.

3) 동대문역사문화공원과 광희문

청계천 오간수문을 지나 남쪽으로 100미터가량 직진하면 우주선 모양의 신기한 건물이 보여. 동대문디자인플라자라는 건물인데, 이 일대는 전체가 동대문역사문화공원으로 지정돼 있어. 2009년 동대문역사문화공원이 개장하기 전까지 동대문운동장이 있던 곳이야. 동대문운동장이 들어서기 전에는 조선 시대 군사들이 무예 훈련을 하던 훈련도감과 무기를 제조하던 하도감이 있어서 이 일대에 하급

무관들이 많이 살았어. 그래서 이 일대를 가리켜 '아랫대(혹은 아래대)'라고 부르고, 청계천 상류의 인왕산 지역은 '웃대(혹은 우대)'라고 불렀어. 그러나 조선 말기에 동대문을 종점으로 하는 전차 선로를 깔면서 일대의 성곽이 헐리기 시작했어. 또한 1907년 일제가 조선의 군대를 강제로 해산시키고 성곽도 없애면서 이 땅은 주인을 잃고 공원으로 변해 갔어.

1925년에 일제는 훗날 히로히토 천황이 된 일본 왕세자의 결혼식을 기념하여 이 자리에 우리나라 최초의 근대식 운동장인 동대문운동장을 지었어. 당시에는 '경성운동장'이라고 불렸는데, 해방 이후 '서울운동장'이라고 불리다가 1985년 '동대문운동장'으로 이름이 바뀌었어. 1988년 서울 올림픽이 열린 잠실종합운동장이 생기기 전까지 동대문운동장에서 국가 대표급 스포츠 경기가 열렸어. 축구, 야구 경기가 열리는 날이면 관람객의 함성으로 일대가 떠나갈 듯 시끄러웠지. 그러나 시설이 오래되어 제 구실을 못 하게 되면서 2003년 이후 사용이 금지되고, 2008년 축구장과 야구장이 철거된 뒤 지금과 같이 공원으로 바뀌었어.

동대문 일대 성곽터에 들어선 동대문역사문화공원 안 동대문디자인플라자

동대문디자인플라자 옆길 아래에 이간수문이 있다.　　　　　　　　　　이간수문

　당시 옛 경기장을 철거하고 터를 고르고 발굴하는 과정에서 한양도성 일부와 건물터, 수문이 2개 달린 이간수문 등이 발굴됐어. 그래서 이를 바탕으로 동대문역사문화공원에 조선 시대의 성곽 유적을 볼 수 있는 동대문역사관을 만들었어. 조선 시대 당시의 모습으로 복원된 이간수문에는 무지개 모양의 수문이 두 개 있고, 사람의 출입을 막고 오물을 거르기 위해 말뚝을 잇달아 박아 만든 울타리도 설치돼 있어. 또 발굴 작업 중 조선 시대 사람들이 사용했던 백자와 분청사기, 생활 유물 들이 쏟아져 나왔는데, 이들 유물도 동대문역사관에 전시 중이야. 앞마당에는 당시 건물의 주춧돌 등을 볼 수 있게끔 해 놨어. 동대문운동장기념관에서는 동대문운동장의 역사와 이곳에서 열린 유명 경기들에 대해 살펴볼 수 있어.

　한양도성의 흔적은 공원 한복판을 가로지르는 보도 앞에서 찾을 수 있어. 이간수문과 성곽 및 치성을 확인할 수 있지. 그래서 복원된 성곽을 보려면 계단을 이용해서 아래로 내려가야 해. 그러나 성곽의 흔적은 동대문역사문화공원을 지나면 다시 사라져. 길을 건너서 한양공업고등학교 담벼락 우측으로 돌아 동대문역사문화공원역 3번 출구 쪽으로 길을 건너면

이간수문 위로 복원된 성곽길

건너편에 광희문(光熙門)이 보여. 1396년 조선 태조 때 지어진 광희문은 사소문 중 하나로 남소문에 해당해. 오간수문, 이간수문 등이 가까워서 '수구문'이라고도 불렀는데, 물이 나가는 문이란 뜻이야. 또 도성 안의 시신을 옮기는 문으로 사용돼 '시구문'이라고도 불렀어.

하지만 지금의 광희문은 예전의 그 모습이 아니야. 흥인지문 방향으로 이어지는 성벽은 도로 때문에 잘려 버려 일부만 남아 있어. 광희문은 다른 사소문에 비해 덜 중요하게 여겨졌나 봐. 임진왜란 때 심하게 파괴됐지만 100여 년 뒤에야 다시 지어졌고, 한국 전쟁 때도 문루가 심하게 파괴됐는데 1970년대 중반에야 지금의 자리로 옮겨지으면서 복원됐단다.

광희문

4) 남산 가는 길

광희문에서 잠시 숨을 고르고 나면 성곽길이 또 사라져 버려. 그 자리에 주택과 건물 들이 들어서면서 훼손된 거지. 성곽이 끝나는 일대에 '서울성곽길' 표지가 붙어 있으니 이걸 따라서 좁은 주택가 골목길로 들어서.

십여 분 정도 신당동 주택가를 따라 걸으면 큰길 건너에 장충체육관이 보여. 장충체육관에서부터 반얀트리호텔 근처 성곽마루 일대까지는 성곽 안팎 양쪽으로 길이 나 있어. 안쪽이든 바깥쪽이든 걷고 싶은 대로 골라. 중간에 암문도 있으니 걷다가 방향을 바꿔 걸어도 돼. 장충체육관은 우리나라 최초로 지붕을 둥그렇게 만든 실내 경기장인데 이곳에서 유명한 권투 경기가 많이 열렸지.

나무 계단이 깔린 성곽길을 따라 올라가면 한쪽에는 주택가, 한쪽에는 녹지대가 펼쳐져 있어. 신라호텔 담장 역할을 하는 안쪽 성곽길은 조각 정원을 끼고 있어서 미술품을 관람하는 눈 호사를 누릴 수도 있어.

신라호텔 담장이 끝나갈 무렵 암문이 나오고, 암문을 지나면 조금씩 경사가 급해져. 뒤를 돌아보면 멀리 북한산 일대가 훤히 보여. 조금만 힘을 내서 올라가면 경관을 조망할 수 있는 성곽마루가 나와. 성곽마루에 오르면 발아래로 남산터널을 통과한 차들이 달리는 한남동 일대와 멀리 한강이 보여. 조선 시대에는 이곳에

성곽 바깥길

신라호텔 담장 옆 성곽길

신라호텔 담장 끝 쪽 암문

성곽마루

한강을 건너는 나루터가 있었다고 해. 북악산에서는 아스라해 보였던 남산이 여기서는 아주 높고 거대한 산처럼 느껴져. 남산은 해발 262미터로 그리 높은 산이 아니지만, 이렇게 성곽길을 따라 걷다 보면 곳곳에 제법 가파른 고개가 있음을 알 수 있어.

암문을 지나 성곽마루로 오르는 성곽길

광희문~숭례문 구간은 길이가 꽤 긴 편인데, 조선 시대에는 이곳에 남소문이라는 문이 있었다고 해. 한강을 건너서 한남동 나루터로 올라온 이들이 도성에 들어오려면 남산고개를 지나 광희문으로 돌아가야 했어. 그런데 그 길이 길고 불편해서 만든 것이 남소문이라는데, 아마도 반얀트리호텔과 국립중앙극장 사이의 장충고갯길에 세워진 것으로 생각돼. 하지만 남소문 일대에는 도적이 많아서 거의 문이 닫혀 있었다고 하지.

잠시 사라진 성곽길은 국립중앙극장 옆 남산공원 표지판을 따라가면 다시 시작돼. 사실 이곳에서 남산 정상까지 가는 길은 여러 개가 있어. 하지만 우리는 성곽을 보기 위해 걷는 거니까 전기 버스가 다니는 남산순환로를 따라 걷다가 '서울성곽길' 표지판을 따라 나무 계단길로 올라가자. 계단이 가파르니 조심해.

562개의 계단으로 이루어진 남산 계단길은 약 250미터가량 이어져. 계단길 옆 성곽에는 글자가 새겨진 성돌들이 보이는데, 못생긴 막돌을 막 쌓은 걸 보니 조선 초기에 지은 구간임을 알 수 있어. 반듯하게 쌓은 돌과 최근에 보수한 모습까지 한 데 볼 수 있어서 가히 성곽 역사 박물관이라 할 만한 구간이야. 이 일대 성곽은 다른 성곽길

반얀트리호텔에서 내려오면 길 건너편에 남산공원과 국립중앙극장이 보인다.

562개의 계단길

계단 옆에 공사 감독관 이름 등이 뚜렷이 새겨 있다.

옥개석 없이 쌓은 성벽

시대별로 다르게 쌓은 성벽들이 섞여 있다.

과 달리 성벽 위에 옥개석(여장 위의 지붕돌)을 올리지 않고 돌로 쌓아 복원한 여장이 섞여 있어. 또 남산의 산세를 따라 굽이치듯 성벽이 올록볼록 들어갔다 나왔다 하는 모습으로 지어졌어.

   계단길을 따라 오르다 보면 나무가 우거져 있어도 제법 땀이 나. 이 험한 곳에 성벽을 쌓느라 조선 시대 장정들은 얼마나 힘들었을까? 마지막 힘을 내서 계단길을 다 오르면 남산의 경관이 훤히 보이는 전망대가 나와. 여기서 서울의 풍경을 보며 바람에 땀을 식힌 뒤에 조금 더 힘을 내서 걸어 보자. 남산순환로를 따라 N서울타워로 오르는 길이 조금 지루하지만, 성곽 담장 너머 보이는 서울 풍경을 보

N서울타워로 오르는 남산순환로

친환경 남산 전기 버스

며 힘을 내 보자.

5) 남산 일대, 팔각정과 국사당

이제 본격적으로 남산 정상에 들어섰어. 남산은 전망이 아름다워서 늘 국내외 관광객들로 분주한 곳 중 하나야. 조선 시대 남산의 잠두봉은 인왕산 아래에 있던 필운대와 함께 한양 사람들이 꽃놀이를 즐기는 대표적인 장소였어.

남산광장에 서면 여러 조형물과 건물이 보여. 특히 광장 한쪽에는 서울 중심점을 알리는 조형물이 있어. 서울에서 부산까지의 거리가 389킬로미터라고 할 때 기준이 되는 곳에 세우는 것이 도로원표인데, 서울의 도로원표는 일제 강점기 때 광화문을 중심점으로 설정하여 설치했어. 그런데 몇 년 전 최신 위성항법장치(GPS)를 이용하여 측정한 결과, 남산이 서울의 중심인 것으로 알려져서 이를 기념하여 조형물을 세운 거지.

남산의 상징이 된 N서울타워는 밑에서 내려다보면 그 끝이 보이지 않을 정도로 까마득하게 높아. 1975년에 지어진 건물을 2005년에 N서울타워로 개장하기 전까지만 해도 '남산타워'라고 불렸어. 건물 꼭대기에 텔레비전과 FM 라디오 전파를 내보내는 전파 송신탑이 설치돼 있는데, 남산의 해발 고도에다 건물 위에 설치된 전파 송신탑을 더하면 N서울타워의 높이는 479미터가 넘어. 70층 높이에 있는 전망대는 360도로 회전하는 데다 사방이 창문으로 뻥 뚫려 있어 서울 시내를 굽어볼 수 있어. 한양도성의 정남쪽에 서 있는 N서울타

서울의 지리적 중심점이 남산임을 알리는 도로원표

N서울타워

N서울타워에 사람들이 걸어 놓은 사랑의 열쇠들

워에서 바라본 서울은 도성 북쪽 북악산에서 내려다본 모습과 사뭇 다르지?

　남산광장 팔각정 앞에는 조선 시대에 주요한 통신 수단이었던 봉수대가 있어. 봉수대는 봉수(불과 연기)로 나라의 위급함을 알리는 데 사용되었는데, 불과 연기를 피우는 구덩이 5개로 이뤄져 있어. 평상시에는 불을 하나 피워서 안전한 상황임을 알리다가 몽고족, 여진족, 왜적 등 국경에 외적이 나타나면 불의 개수를 달

N서울타워에서 내려다본 서울 시내. 멀리 인왕산과 북악산 자락이 보인다.

리하여 위급한 상황을 알렸어. 누구나 휴대 전화를 갖고 있고 손가락만 대면 척척 새로운 소식을 받아 볼 수 있는 스마트폰이 보급된 지금을 생각하면 매우 원시적으로 보이지? 하지만 횃불과 연기는 당시 매우 빠르고 효과적인 통신 수단이었어. 불과 12시간이면 전국에서 발생한 긴급 사항이 왕에게 보고됐거든. 부산에서 한양도성까지 걸어서 보름 정도 걸리고 파발마를 이용해도 3일이 걸렸다는데, 봉수를 이용하면 12시간 만에 급한 소식을 전달할 수 있었으니 당시로서는 매우 빠른 통신 수단이었던 거야. 봉수대는 전국의 높은 산봉우리 673곳에 설치됐어. 국경 지대에 위급 사항이 생기면 전국 각지에서 한양으로 이어지는 5개의 봉수로를 따라서 낮에는 연기로, 밤에는 불을 피워서 소식을 전달했어. 남산 봉수대는 바로 봉수의 최종 종착지로, 이곳에 마지막 봉수가 도착하면 승정원에서 이를 왕에게 전달했어.

지금의 남산은 볼거리 가득한 공원이지만, 조선 시대에는 나라의 안녕을 빌며 제사를 지내는 국사당이 있었어. 본래 남산은 '목멱산'이라고 불렸는데, 조선 태

봉수대와 봉수가 나타내는 긴급 사항

남산 국사당터

조 때 남산의 산신인 목멱 대왕을 모시는 목멱신사를 설치하고 매년 나라에서 제사를 지내면서 '국사당'이라 고쳐 불렀어. 그러나 국사당은 일제 강점기에 인왕산으로 자리를 옮기게 됐어. 한민족을 압박하기 위해 일제가 국사당과 인근의 성곽을 없애고 자신들의 고유 신앙을 따라 조선신궁을 지었거든. 봉수대 왼쪽 계단길 성곽을 따라 내려가면 남산도서관이 나오는데, 도서관 앞 분수대 일대에 조선신궁이 있었어. 최근에 분수대 일대를 발굴하면서 조선신궁 아래에서 한양도성의 흔적을 발견했다고 하지.

도서관을 지나 안중근의사기념관, 백범광장을 지나면 오른편에 새로 복원한 성곽을 만나게 돼. 이 길을 따라 쭉 내려가면 금세 숭례문이 보여.

남산과 조선신궁

일제가 민족정기를 말살시키기 위해 국사당을 없애고 남산 중턱에 지은 조선신궁은 1925년에 세워졌다. 일본 천황가의 시조인 아마테라스 오미카미와 메이지 천황 등을 신으로 모셨는데, 신궁을 만들기 위해 남산의 울창한 숲과 한양도성 성벽을 파괴했다. 조선신궁에 이르는 계단과 도로를 내느라 남산 일대는 크게 훼손됐다. 남산뿐 아니라 전국의 높은 지대마다 신사를 세우고 참배를 강요했다. 또 조선신궁을 세운 뒤에는 조선신궁 위쪽 지역은 신성한 곳이라며 출입을 금했다.

일제가 남산에 신궁을 지은 이유는 또 있다. 남산 일대는 일제 강점기에 일본인들의 주거지였다. 이들은 남산 아래 명동, 회현동 등에 대자본을 바탕으로 은행을 세우고 백화점, 상가 등을 지었다. 지금도 남산 아래 회현동, 충무로, 을지로 일대에 한국은행을 비롯한 우리나라의 유명 백화점과 은행 본점 등 상업 시설이 몰려 있는 것은 20세기 전반 일제에 의해 바뀐 도시 구조 때문이다. 한양도성을 둘러봐서 알겠지만 한양도성이 파괴되고 훼손된 것은 근대화를 명분으로 내세운 일본 제국주의 때문이며, 당시의 도시 구조가 지금껏 이어지고 있다.

봉수대 옆 성곽길   백범광장에 새로 복원한 성곽길

한 걸음 더 둘러보자!

남산광장 N서울타워 전망대
🏠 서울시 용산구 남산공원길 105
🚌 남산 순환 버스 이용
- 02번 : 지하철 3, 4호선 충무로역 2번 출구, 3호선 동대입구 6번 출구에서 승차
- 03번 : 지하철 1, 4호선 서울역 9번 출구, 6호선 이태원역 4번 출구나 한강진역 2번 출구에서 승차
- 05번 : 지하철 4호선 명동역 3번 출구나 충무로역 2번 출구에서 승차

📱 02-3455-9277, 9288
🕐 평일, 일요일 10:00~23:00, 토요일 10:00~24:00
💲 만 3세~12세 7000원, 만 13세 이상 9000원
☆ 밤에 보는 야경도 일품이다.
💻 nseoultower.com

남산광장 봉수대
🕐 불을 피우는 거화 의식 : 화~일 낮 12:00

안중근의사기념관
🏠 서울시 중구 남대문로 5가 471-2 소월로 91
🚌 지하철 4호선 회현역 5번 출구로 나와 숭례문남산방향 정류장에서 버스 402, 405번을 타거나, 지하철 1, 4호선 서울역 9-1번 출구로 나와 서울역버스환승센터 정류장에서 버스 402번을 타고 남산도서관에서 하차 후 도보 2분
📱 02-3789-1016, 1026
🕐 3월~10월 10:00~18:00, 11월~2월 10:00~17:00 (월요일, 1/1, 설날, 추석 휴관)
💲 무료
💻 ahnjunggeun.or.kr

북촌과 남촌

북촌

현재 한강을 기준으로 서울을 강남과 강북으로 가르듯이 조선 시대 한양에서는 청계천을 기준으로 북촌과 남촌을 구분해서 불렀다.

북촌은 경복궁과 창덕궁 사이, 즉 오늘날로 치면 종로구 가회동, 원서동 일대인데, 왕실 주변의 인사, 권세가 높은 양반 관료 들이 모여 살았다. 조선 시대에는 제법 큼지막한 기와집이 많았다고 하는데 지금은 아주 작은 규모의 한옥들이 들어서 있다. 이 한옥들은 일제 강점기에 서울로 인구가 몰리자 집 장사들이 대량으로 주택을 공급하기 위해 대지를 쪼개 작은 규모로 지어 공급한 도심형 한옥들이다.

지금의 중구 필동 일대에 들어선 남촌은 직급이 낮은 관리들이나 몰락한 양반의 자손, 권력에서 밀려난 사대부, 가난한 선비, 서민 들이 주로 몰려 살았다. 남촌의 가난한 선비들은 평상시 신는 신이 없을 정도로 가난하여 비오는 날 신는 나막신을 맑은 날에도 신고 다녀서 '딸깍발이 샌님'이라 불렸다. 하지만 남촌의 딸깍발이 샌님들은 가난하지만 자존심이 강하고 강직하며 청렴해서 북촌의 양반들과 생활 수준뿐 아니라 정치적 성향 또한 차이가 컸다.

한양에는 북촌과 남촌뿐 아니라 서촌과 동촌도 있었다. 지금은 경복궁 서쪽 인왕산 아래의 종로구 필운동, 옥인동 일대를 서촌이라 하지만, 구한말 문헌들을 살펴보면 정동과 서소문 일대를 서촌이라 불렀다. 크게는 경복궁 서쪽을 모두 서촌이라 불렀던 것 같다. 동촌이라는 말은 지금은 거의 쓰이지 않지만 낙산 근처의 효제동 일대를 가리켰다.

또 도성 서북쪽을 '우대(혹은 웃대)', 동남쪽을 '아래대(혹은 아랫대)'라고 이르기도 했다. 위쪽을 뜻하는 우대는 지금의 인왕산 아래 서촌 지역을, 아래대는 지대가 낮은 동대문과 광희문 일대를 가리켰다. 이 부근에는 직급이 낮은 군인들이 몰려 살았다. 조선 시대에는 신분에 따라 사는 곳이 엄격하게 정해진 것은 아니지만 직업과 근무지, 경제적 여건에 따라 사는 곳이 이렇게 나뉘어졌다.

청계천 광통교 부근은 북촌과 남촌의 사이에 있어서 중촌이라고 불렀다. 중촌은 육조거리와 가까웠는데, 이들 중앙 관청에서 실질적인 행정 업무, 기술직을 맡은 중인들이 몰려 살았다. 역관, 의관, 지관, 천문관, 화원뿐 아니라, 종로의 시전 상인들도 이 일대에 몰려 살았다. 이들은 오늘날로 치면 전문직 종사자, 기술 관료 들로 과거 시험에서 잡과를 쳐서 관리로 선발되었다. 특히 조선 후기가 되면 양반들과는 다른 자신들의 문화를 형성해서 문화 예술의 주요 후원자가 되었다.

 # 한반도의 남과 북을 잇는 수도의 얼굴, 숭례문 구간

남산공원을 내려오면 이제 숭례문이 가까이 보여. 숭례문에서 돈의문에 이르는 구간은 네 구간 중 가장 짧으면서 성곽의 흔적을 찾아보기 가장 어려운 구간이야. 일제 강점기에 서울역과 기찻길이 놓이고, 서울이 점점 커지면서 평지였던 남대문과 서대문 사이에 학교와 관공서, 상업 시설이 빽빽하게 들어서면서 대부분의 성곽이 헐렸어. 돈의문터가 있는 서울 정동사거리를 지나 창의문에 이르는 구간이 그나마 비교적 잘 보존된 편이야.

돈의문터에서 창의문까지 가는 길은 산길이지만 잘 닦여 있어서 걷기에 어렵지 않아. 인왕산공원을 지나 삼거리 철문에서 길이 갈라지는데, 철문 위로 난 계단길을 따라 올라가야 성곽을 만날 수 있어. 이 길은 인왕산 정상 부근에서 휘돌아 북악산으로 이어져. 능선을 따라 난 길이라 전망은 좋지만 조금 위험할 수도 있으니 어른들과 꼭 함께 걷도록 하자. 이곳의 성곽길은 최근까지 군사 보호 지역인 데다 복원 공사를 하느라 공개되지 않았는데 근래에 정비했어. 암석 위에 세워진 새 성곽은 위험하니 사람들이 다니는 탐방로를 이용하도록 해.

철문이 있는 삼거리에서 계단길 대신 큰길을 따라 우측으로 가면 북악스카이웨이라는 도로가 나와. 도로 옆으로 산책로가 나 있는데 이 길을 따라 쭉 걸어도 창의문이 나와. 걷다 보면 아래쪽에 낡은 아파트가 한 채 보이고, 그 아래로 수성동 계곡으로 이어지는 길이 있어. 잠깐 쉬면서 경치를 구경해도 좋겠지?

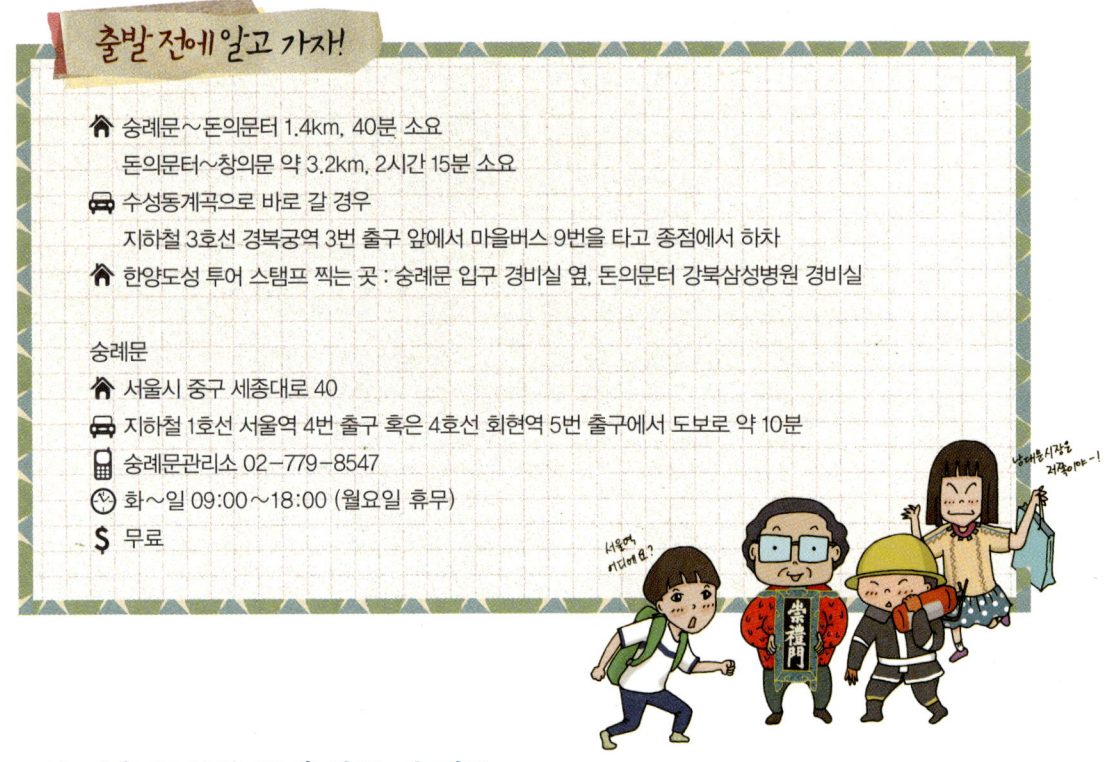

출발 전에 알고 가자!

- 숭례문~돈의문터 1.4km, 40분 소요
  돈의문터~창의문 약 3.2km, 2시간 15분 소요
- 수성동계곡으로 바로 갈 경우
  지하철 3호선 경복궁역 3번 출구 앞에서 마을버스 9번을 타고 종점에서 하차
- 한양도성 투어 스탬프 찍는 곳 : 숭례문 입구 경비실 옆, 돈의문터 강북삼성병원 경비실

숭례문
- 서울시 중구 세종대로 40
- 지하철 1호선 서울역 4번 출구 혹은 4호선 회현역 5번 출구에서 도보로 약 10분
- 숭례문관리소 02-779-8547
- 화~일 09:00~18:00 (월요일 휴무)
- 무료

1) 서울 도성의 주 출입구, 숭례문

숭례문 하면 뭐가 가장 먼저 떠오르니? 우리나라 국보 제1호? 어른들은 아마도 숭례문 화재, 혹은 숭례문 방화 사건을 먼저 떠올릴 거야. 2008년 2월 10일 방화로 인해 500여 년 역사를 가진 건축물이 불과 5시간 만에 눈앞에서 활활 타 버렸을 때 사람들은 마치 내 집이 불탄 듯, 내 자식을 잃은 듯 눈물을 흘리고 숭례문 앞에 조화를 놓았지.

왜 그랬을까? 숭례문은 명실상부한 한양도성의 정문이자 얼굴이었어. 한양도성 중 가장 중요한 위치에 자리 잡은 문이었지. 국토의 중앙에 자리 잡은 수도 한양으로 들어오는 인구와 물자의 주 출입구가 바로 숭례문이야. 특히 충청도와 전라도, 경상도를 지칭하는 삼남 지방으로 가는 길도 숭례문에서 시작됐어. 이 길을 따라 숱한 인물들이 유배를 떠나기도 했고, 유생들이 청운의 꿈을 안고 과거 시험을 보러 오기도 했지. 그래서 숭례문은 사람들에게 한양이자 조선 왕조의 상징으로 자리매김했던 거야.

2층 누각 형태의 숭례문은 실제로 조선 초기 건축물의 구조를 잘 보여 주는 건물이야. 현재 남아 있는 성문 중에서 가장 규모가 크기도 하지. 1395년에 짓기 시작해 1398년에 완성됐어. 숭례문은 한양도성의 남쪽 정문이지만, 지리적으로 남산이 정남향 방향에 있기 때문에 부득이하게 서남 방향으로 나게 됐어.

숭례문 일대는 인왕산과 남산의 산줄기가 만나는 지역이어서 일대를 평평하게

화재가 나기 전 숭례문

2008년 화재를 진압하는 모습

2008년 화재로 붕괴된 숭례문

2013년 복원된 숭례문

한 뒤에 성곽과 문루를 쌓았어. 하지만 세월이 흐르면서 땅 표면이 내려앉고 숭례문 문루가 기울어져서 세종 때(1447년)와 성종 때(1479년) 크게 보수 공사를 했어.

예를 숭상한다는 뜻을 지닌 숭례문 현판은 다른 문과 달리 세로로 쓰였어. 우리나라의 현판은 대부분 가로로 쓰였는데, 숭례문 현판만 특이하게도 세로야. 전해 오는 바에 따르면, 한양 밖 남쪽에 있는 관악산이 불의 기운이 많아서 이를 누르기 위해 세로로 썼다고 해. 또 지금의 서울역과 남대문 사이에 연지라는 연못을 파서 도성 밖의 불기운이 도성 안으로 접근하는 것을 막았다고 하지. 그뿐 아니야. 일제 강점기에 이 연못을 메워 건물을 지으려 했는데 연못 바닥에서 청동으로 만든 거북 조각상이 나왔어. 이 거북 조각상은 상상의 동물인 현무와 매우 비슷하고, 등에는 '水(물 수)'가 새겨져 있었지. 본래 현무는 북쪽을 뜻하는 사신 중 하나로 물을 뜻해. 도성 안에 화재가 나지 않기를 바라는 마음을 담아 청동 거북을 만들어 연못에 넣은 거지.

지금도 그렇지만 조선 시대에도 숭례문 일대는 늘 북적거렸어. 뱃길, 혹은 육로

세로로 쓰인 숭례문 현판

1890년대 숭례문

를 타고 한양으로 운반된 쌀과 지방 특산물 등이 숭례문 일대에서 거래됐거든. 말하자면 지금의 남대문시장의 원형이라 할 수 있지.

전국으로 뻗은 주요 도로의 출발점 또한 숭례문이었어. 그러나 교통의 요지라는 장점은 숭례문의 변화를 가져오기도 했어. 1889년 전차가 숭례문의 홍예문을 통과한 이래, 도로와 지하철, 철도가 지나는 교통의 요지로 자리 잡게 된 거지. 숭례문은 일제에 의해 전찻길이 나고 성문 옆 성곽이 허물어진 뒤, 근 100여 년 동안 도시의 섬처럼 외롭게 고립됐어. 자동차가 지나다니는 길 위에 놓인 성문으로는 더 이상 사람이 지나다닐 수도 없고 접근하는 일도 어려웠지. 그러다 2005년 숭례문 앞에 광장이 생기면서 숭례문을 자세히 볼 수 있게 됐어. 하지만 불과 3년 만에 방화로 불에 탔고, 근 5년간 복원 공사를 통해 2013년 5월 숭례문이 모습을 드러냈어.

비록 화재로 불탔지만 살려 낼 수 있는 부분은 최대한 살려 내고, 어쩔 수 없이 불에 탄 목재 등은 새로 구해 다시 복원했어. 전통 기법으로 목재를 다듬어 쓰고,

광장이 생기기 전의 숭례문

대장장이들은 전통 건축 기법에 따라 쇠를 주조하여 성문 건축에 필요한 부속품을 만들고, 석수들은 성돌을 다듬어 쌓았어. 기와도 전통 방식으로 직접 구운 뒤 올렸어.

복원 후 가장 큰 변화는, 1907년 일본 황태자가 조선을 방문했을 때 허문 문루 옆 성벽을 일부 되살린 점이야. 남산 쪽으로 53미터, 인왕산 쪽으로 16미터가 복원돼서 옛 숭례문의 모습을 그려 보기가 조금 나아졌어. 아직은 마치 노란 옥수수 알 사이에 검은 옥수수 알이 낀 것처럼, 새로 다듬어 쌓은 흰색 성돌 사이사이에 오래된 성돌이 끼어 있는 모습이 어색해 보여. 하지만 지금보다 훨씬 더 오랜 세월이 흐르고 나면 언젠가는 새로 쌓은 성돌도 자연스럽게 빛이 바래고 이끼가 낄 거야. 숭례문의 역사는

숭례문 성벽. 새로 다듬은 성돌 사이사이에 오래된 성돌이 끼어 있다.

숭례문 천장 용 그림의 화재 전(왼쪽)과 후(오른쪽)

이렇게 만들어지는 거야.

  한번 파괴되거나 훼손되고 나면 완벽한 역사적 고증이나 재현은 불가능해. 원형대로 복원한다고는 했지만, 2013년 복원된 숭례문이 1398년 숭례문과 같을 수는 없어. 대신 문화재가 갖는 의미를 되살리고, 유적이 사람들의 삶 속에 살아 숨쉬게 하는 일이 중요해. 이렇게 달라지는 모습 또한 숭례문 역사의 일부분이라고 할 수 있어.

잡상

잡상은 궁궐이나 성문의 기와지붕 추녀 끝에 올린 흙 인형이다. 기와와 같은 재질로 구워 만드는데, 보통 3개, 5개, 7개, 9개 등 홀수로 놓여 있다. 조선 초기부터 잡상을 전문적으로 만드는 장인이 있었다. 잡상은 재앙과 악귀를 막기 위한 것으로, 중국 신화 속에 등장하는 동물들에서 따왔다. 잡상 중에서는 중국의 소설 〈서유기〉에 등장하는 삼장법사와 손오공, 사오정, 저팔계의 모습을 딴 것도 있다. 숭례문 1층 추녀에는 7개가, 2층 추녀에는 9개의 잡상이 세워져 있다.

숭례문 1층 잡상

2) 사라진 소의문과 구한말 신문물의 집결지, 정동길

서울 성곽길을 알리는 대한상공회의소 아래 표지

숭례문을 지나 횡단보도를 건너 서쪽 대한상공회의소로 걸어가. 이 구간은 건물들이 많이 들어서서 성벽이 파괴됐지만 돌담 등에 일부 흔적이 남아 있어. 대한상공회의소 담장 아래를 보면 오래돼서 거뭇거뭇해진 성돌 위로 새로 쌓은 성벽이 조성돼 있어. 보도를 따라 성곽이 있던 흔적이 표시돼 있는데, 성벽은 150미터가 채 안 돼.

계속 길을 따라 걸어가면 왼쪽으로 호암아트홀(JTBC, 중앙일보 건물)이 보이는 사거리가 나오는데 서대문고가차도와 교차하는 곳이기도 해. 이곳이 돈의문과 숭례문 사이에 들어섰던 소의문(서소문)터야. 소의문(昭義門)의 원래 이름은 '소덕문(昭德門)'으로 태조 때인 1396년에 세워졌다가 임진왜란 때 파괴되었어. 영조 때인 1744년에 이르러서 문루를 고쳐 지었는데, 1914년에 도로가 들어서면서 헐렸지.

대한상공회의소 담장 성벽

오래되어 거뭇한 성돌

소의문터   1890년대 소의문

   소의문도 광희문과 마찬가지로 도성 밖으로 시체를 옮길 때 이용됐어. 그리고 서소문 밖에는 조선 후기 대표적인 시장인 칠패가 있었다고 해. 칠패는 종로 운종가와 더불어 대표적인 상업 지역으로 다양한 물품이 거래됐는데, 특히 한강 나루터와 가까웠기 때문에 어물이 유명했다고 해. 칠패 상인들은 삼남 지역에서 올라오는 어물을 독점하면서 가격을 임의대로 조정했다고 하지. 과거보다는 그 명성이 덜해졌지만, 지금도 서소문 일대는 주요 기관과 기업 들이 들어서 있으니 어떤 공간의 성격은 이전 시대와도 밀접하게 관련을 맺는다고 할 수 있어.

   소의문을 지나 돈의문에 이르는 성곽길은 1킬로미터도 안 돼. 그러나 성곽길 대부분이 소실됐어. 현재 러시아대사관과 이화여고, 정동사거리를 잇는 길에 성곽

배재공원   정동길

정동길 바닥에는 정동의 역사를 보여 주는 타일들이 붙어 있다.

이 있었다고 보면 돼. 그러니 여기서는 소의문터를 지나서 정동길을 따라 걸어야 해. 소의문터에서 우측으로 꺾어져 200미터가량 직진해서 고려삼계탕 앞으로 길을 건너면 언덕길(서소문로 11길)이 나와. 배재공원과 배재학당역사박물관, 서울시립미술관을 지나 5분 정도 걸으면 정동교회와 분수대가 있는 회전 교차로가 나와. 정동교회를 끼고 왼쪽으로 돌면 정동길이야. 이 일대는 서울에서 가장 걷기 아름다운 길로 불려. 원래 정동은 조선 태조 이성계의 계비, 신덕 왕후 강 씨의 능인 정릉이 있어서 '정동'이라 불렸다고 해.

덕수궁을 먼저 둘러보고 정동길을 따라 걷고 싶으면 지하철 1, 2호선 시청역에

서 나와서 덕수궁 돌담을 따라 걸어도 돼. 이 구간은 짧은 거리지만 덕수궁을 끼고 있고, 드나드는 차가 많지 않아서 번잡스럽지 않고 고즈넉한 아름다움을 풍겨.

이 일대에는 이화여고, 배재학당 등 근대기 학교뿐 아니라 외국 공관(정부 관리가 공적으로 사용하는 건물), 교회 등이 집중적으로 세워졌어. 미국, 영국, 러시아공사관이 아직도 일대에 남아 있을 뿐 아니라 정동교회와 새문안교회 등 100여 년의 역사를 가진 교회들이 자리를 지키고 있지. 또 우리나라에서 최초로 커피를 팔았다는 손탁호텔도 정동에 있었다고 전해져. 그래서 근대기 우리 역사를 보여 주는 살아 있는 박물관이라고 해도 손색이 없을 정도야.

숱한 서양 강대국들의 통상 요구에 조선은 쇄국 정책을 고집하며 어느 나라와도 통상 조약을 맺지 않았지만, 일제의 간교한 계략에 어쩔 수 없이 1876년(고종 13년) 강화도 조약을 맺으며 문호를 개방했어. 그때 서양의 선교사들이 자리를 잡은 곳이 바로 정동이었어. 이곳의 한옥을 사들여서 처음에는 학교를 열었다가 나중에 교회를 세웠지. 지금은 옮겨 갔지만 배재고등학교의 전신인 배재학당은 1885년에 문을 연 우리나라 최초의 근대식 중등학교로 선교사 아펜젤러가 세웠는데, '배재학당'이라는 이름은 고종이 붙여 주었어. 이듬해 문을 연 이화학당은 우리나라 최초의 근대식 여학교로 여성 교육의 중심으로 자리 잡았지. 학교가

이화여고 담장과 정동길

이화여고

배재학당역사박물관

배재학당역사박물관 안 1930년대 교실

세워지고 난 뒤, 점차 종교의 자유가 허용되면서 교회가 들어서고, 정식으로 외교 관계를 수립한 이후 외국 대사관들이 일대에 들어서면서 정동은 근대기 신문물의 집결지가 되었어.

정동 일대에 외국 공관이 몰려들게 된 이유로는 마포나루와 가까워 교통이 편리했다는 점 외에, 고종이 대한 제국을 선포한 후에 주로 덕수궁에 머물렀기 때문에 지리적으로 궁궐과 가까웠다는 점을 들 수 있어.

고종은 1897년 새로운 나라를 표방하며 조선이라는 이름을 버리고 '대한 제국'

정동교회

서울시립미술관

정동극장

덕수궁 중명전

으로 나라 이름을 바꿨어. 또 중국의 연호가 아니라 독자적인 연호인 '광무'를 내세우고 자신을 황제라 선포했지. 이어 경복궁, 창덕궁 대신 덕수궁을 새로운 제국의 황궁으로 삼고 새로운 제도들을 실시했어. 고종은 당시 날로 커지는 일본 세력을 견제하기 위해 서양 강대국들과 손을 잡았는데, 영국, 미국, 러시아, 프랑스 등의 외국 공관들이 모두 정동길에 자리 잡았어.

배재학당이 있던 배재공원 근처에는 배재학당역사박물관이 들어섰어. 빨간 벽돌로 지은 예쁜 서양식 건물이야. 여기서 더 올라가면 로터리에 정동교회가 있어. 이곳은 배재학당을 세운 미국인 선교사 아펜젤러가 세운 우리나라 최초의 개신교 교회야. 정동로터리에는 옛날 법원을 고쳐 만든 서울시립미술관도 있지. 다리가 아플 땐 이곳 정원에 세워진 조각품들을 보며 잠시 쉬어 가도록 해.

조금 더 걸어 올라가면 정동극장이

옛 러시안공사관의 일부인 아관

나오고, 정동극장 뒤편 골목길에는 대한 제국 시기인 1901년에 황실 도서관으로 지어진 중명전이 있어. 덕수궁의 부속 건물이지만 사이에 들어선 미국공사관 때문에 별도의 건물처럼 궁 밖에 있는 것처럼 보이지. 중명전은 서양식으로 지은 2층 벽돌 건물인데, 가슴 아픈 역사의 현장이기도 해. 일제 치하 36년의 아픔을 겪게 만든 을사조약이 바로 이곳에서 체결됐거든.

　길을 따라 올라가면 옛 한옥 담장을 학교 담장으로 쓰는 이화여고, 예원학교와 만나는 삼거리가 나와. 오른쪽 언덕으로 올라가면 옛 러시아공사관의 일부인 아관이 보여. 러시아를 한자로는 '노서아(露西亞)'라고 했는데, 노서아의 '아'를 따와 '아관'이라 했지. 아관은 우리나라 근대사에 등장하는 건축물이기도 해. 1896년 명성 황후가 일제에 의해 시해되자 신변의 위협을 느낀 고종이 비밀리에 궁궐을 탈출하여 러시아공사관으로 몸을 숨겼거든. 고종은 1897년 덕수궁으로 돌아갈 때까지 이곳에 머물렀어.

덕수궁

덕수궁

　덕수궁의 원래 이름은 '경운궁'이다. 본래는 조선 시대 성종(제9대 왕)의 형님인 월산 대군이 머물던 집이었다. 조선 중기 임진왜란으로 경복궁과 창덕궁이 불타 버리자 피란 갔다 돌아온 선조(제14대 왕)가 이곳에 머물면서 임시 행궁(왕이 도성 밖으로 행차할 때 잠시 머무르는 궁)이 되었다. 신러시아 세력에 의해 거처를 러시아공사관으로 옮겨야 했던 고종이 1897년 이곳으로 거처를 옮기면서 전각을 더 세웠고, 대한 제국을 선포하고 고종이 황제로 등극하면서 덕수궁을 대한 제국의 정궁으로 삼았다. 1907년 순종(조선 제27대 왕)이 즉위하면서 창덕궁으로 거처를 옮겨 간 뒤, 고종만 이곳에 남게 되면서 고종의 장수를 기원한다는 의미로 '덕수궁(德壽宮)'이라 불리게 됐다.

　그러나 덕수궁은 본래 개인 저택으로 시작했기 때문에 다른 궁궐에 비해 크기가 작았던 데다가, 1904년 화재로 크게 불타고 일제 강점기의 도시 계획에 따라 궁궐 곳곳이 잘려 나가면서 지금의 크기로 축소됐다. 지금은 중화전, 석조전과 함녕전, 정관헌 정도만 남아 있다.

　덕수궁은 고종이 한참 조선의 근대화에 주력하던 시기에 정궁으로 사용되어 다른 궁궐보다 근대 문명의 요소들이 많이 남아 있다. 특히 정관헌은 고종이 외교 사절과 함께 차를 마시고 다과를 들던 곳인데 회색과 붉은 벽돌로 지은 절충식 건물이다. 절충식 건물이란 한옥과 서양식 건축 기법이 뒤섞인 건물이라는 뜻이다. 이 건물은 러시아 건축가 사바찐이 설계했는데 기둥이나 바닥, 난간 등은 서양식이고 처마 아래 단청 등은 한식으로 지어졌다. 특히 바닥의 모자이크 타일은 100여 년 전 러시아에서 가져온 그대로 남아 있다. 석조전은 근대식으로 지은 석조 건물인데 대한 제국 이후 황제와 황후가 머물렀다.

한 걸음 더 둘러보자!

배재학당역사박물관
- 🏠 서울시 중구 정동 34-5
- 🚌 지하철 2호선 시청역 10번 출구에서 도보로 5분
- 📱 02-319-5578, 070-4051-8793
- 🕐 화~일 10:00~17:00 (월요일, 공휴일 휴관)
- $ 무료
- 💻 appenzeller.pcu.ac.kr

중명전
- 🏠 서울시 중구 정동길 41-11
- 🚌 지하철 1, 2호선 시청역 1번, 2번, 12번 출구에서 도보로 10분. 정동극장 뒤
- 📱 02-752-7525
- 🕐 10:00~17:00 (월요일, 설날과 추석 당일 휴관)
- $ 무료
- 💻 deoksugung.go.kr

덕수궁
- 🏠 서울시 중구 세종대로 99
- 🚌 지하철 1, 2호선 시청역 1번, 2번, 12번 출구에서 도보로 3분
- 📱 02-771-9951, 9955
- 🕐 09:00~21:00 (입장은 20:00 까지, 월요일 휴관)
- $ 어린이 무료, 성인 1000원
- 💻 deoksugung.go.kr

3) 이름만 남은 서대문 혹은 돈의문

'의로움을 북돋운다'는 뜻을 가진 돈의문(敦義門)은 사대문 중 가장 서글픈 역사를 갖고 있어. 지금 서울 시내에는 북대문인 숙정문, 남대문인 숭례문, 동대문인 흥인지문은 남아 있지만, 사대문 중 유일하게 서대문인 돈의문만 완전히 헐려 버려 흔적도 찾기 힘들어졌거든. 돈의문이 서 있던 자리는 분명하지만, 도로가 나 버려서 대부분의 사람들은 일대를 지나다니면서도 그 자리에 돈의문이 있었다

는 사실조차 떠올리지 못해. 지금은 서대문이라는 지하철 역명과 버스 정류장 이름으로만 남아 있지. 그러니 그 운명이 처연하다고 할 수밖에······.

돈의문은 '새문'이라고도 불렸어. 조선 초 태조 때(1396년)에 동대문과 일직선상에 돈의문을 세웠다고 하는데, 아마도 지금의 사직터널 자리를 말하는 것 같아. 그때 낸 돈의문은 북쪽으로 치우친 데다 경사가 가파르고 풍수지리상 위치가 좋지 않았어.

1904년 당시의 돈의문

그래서 태종 때(1413년) 문을 폐쇄하고 경희궁 서쪽 언덕에 새로 서전문을 세웠는데, 세종 때인 1422년에 이를 헐고 지금의 자리에 돈의문을 새로 만들었어. 그래서 돈의문을 '새문'이라고 부르고, 돈의문 안쪽은 '새문안'이라고 했어. 지금 돈의문터가 있던 일대도 새문을 한자로 바꾸어 '신문로(新門路)'라고 하지.

조선 시대 돈의문 밖은 한양도성 밖이지만 살림집이며 상점 들이 빽빽하게 들어서 있었어. 19세기에 그린 것으로 추정되는 〈경기감영도〉를 살펴보면, 지금의 서대문사거리에 있던 경기감영(경기관찰사가 직무를 보던 관아)을 중심으로 서대문과 독립문 일대의 시가지가 상세히 묘사되어 있는데, 도성 안 못지않게 시가지가 발달됐다는 것을 알 수 있어. 서대문 일대는 조선 시대 9개의 중심 도로 중 하나인 의주로의 출발점이자 기착지였어. 의주로는 개성, 평양, 의주를 지나 중국에까지 이어지는 길로, 상인들뿐 아니라 중국에서 오는 사신단과 조선에서 중국으로 가는 사행단이 드나들었지.

〈경기감영도〉 오른쪽에 위풍당당하게 그려져 있던 돈의문과 한양도성은 구한말 개화의 바람이 불면서 수난을 맞게 돼. 1899년 서대문에서 동대문을 잇는 전

〈경기감영도〉 일부 (19세기, 작가 미상)

차가 생길 때만 해도 성곽이 온전했지만, 1915년 일제가 전차 선로를 복선화한 다면서 돈의문을 경매에 붙여 팔아 버렸어. 돈의문은 결국 205원에 땔감으로 팔렸지. 당시 205원은 쌀 17가마에 해당되는 돈이었다고 하는데, 한 나라의 수도를 지키던 도성의 성문이 한낱 불쏘시개로 사라졌다는 사실이 믿기지 않아. 그때의 신문 기사를 보면 한없이 참담한 마음이 들어.

> "경성의 사대문 중에 하나 되는 서대문은 근 오백 년의 역사를 섭섭히 머무르고 이백오십 원의 화목감으로 경매되어 지난번에 문두와 문짝 등은 없어지고 돌덩이 홍예 형상만 두어 달 동안 풍우의 침로에 맡겼더니 십일 정오경에는 아주 홍예 형상의 큰 돌까지 붕괴되어 버렸더라……"
> — 매일신보, 1915년 6월 11일

'눈에서 멀어지면 마음에서도 멀어진다'라는 서양 속담이 있어. 흔적이라도 남은 것과 완전히 사라져 버린 것 사이에는 큰 차이가 있어. 아무리 기억하려 해도 구체적으로 떠올릴 수 있는 매개물이 없으면 금세 잊게 되지. 일제는 아마 이것을 노렸을 거야. 한양도성은 도성을 방어하기 위해 만든 건축물이지만, 500여 년의 역사를 이어오며 한양, 아니 조선 그 자체가 되었어. 그러니 성곽이 사라지는 것은 결국 조선이 사라지는 것과 다름없었던 거야.

이렇게 해서 서울 서북쪽과 광화문을 연결하는 경사진 언덕에 돈의문과 성곽은 사라지고 큰길이 놓이게 됐어. 지금은 신문로 2가 정동사거리 강북삼성병원 앞에 설치된 공공 미술품 〈보이지 않는 문〉을 통해 돈의문이 이 자리에 있었음을 알 수 있어. 하지만 말 그대로 신경 써서 보지 않으면 이 또한 미술품인지 전혀 알 수가 없어. 경사진 언덕에 나무 계단을 깔고 나무와 강화 유리로 축대를 세운 뒤 '돈의문터 1422-1915'라는 간결한 문구만을 새겨 놨거든.

100여 년 전 사라진 돈의문의 운명은 지금도 반복되고 있다는 생각이 들어. 숭례문이 불탔을 때 전 국민이 느꼈던 상실감이 한 장소에 엄연히 실재했던 건축물

돈의문터를 알리는 설치 미술품 〈보이지 않는 문〉

이 사라진 데서 비롯된 것임을 생각한다면 더더욱 그래. 21세기를 살고 있는 국민들의 기억 속에 돈의문은 지명으로만 존재할 뿐 실체감이 없기 때문에 우리에게는 돈의문에 대해 되새겨 볼 기회조차 사라진 거지.

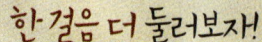

돈의문 스탬프가 설치되어 있는 강북삼성병원 경비실 앞 본관에는 조선의 해방을 외치던 독립운동가, 백범 김구(1876-1949) 선생의 집무실로 쓰이던 경교장이 있다. 경교장은 1938년 금광으로 돈을 번 최창학이라는 부자가 지은 개인 주택인데, 1945년 8.15 광복 이후에 김구의 집무실로 제공했다. 대한민국 임시 정부의 주석을 맡았던 김구는 해방 이후 삼팔선을 경계로 한반도를 미국과 소련이 나눠 신탁 통치하는 데 반대했는데, 이곳에서 안두희가 쏜 총탄에 맞아 서거했다. 이후 여러 차례 경교장의 주인이 바뀌었다가 강북삼성병원의 본관으로 쓰였는데, 2013년 봄부터 일반에 개방했다.

경교장

경교장
🏠 서울시 종로구 새문안로 29 강북삼성병원
🚗 지하철 5호선 서대문역 4번 출구에서 도보 5분
📱 02-735-2038
🕘 화~일 09:00~18:00 (월요일, 1/1 휴관)
$ 무료

4) 깊고 너른 서울의 품을 느낄 수 있는 인왕산 자락

돈의문터를 지나면 오르막길이 시작돼. 이 길을 지나 언덕을 올라가면 서울성곽으로 이어지는 길이 나오는데, 성곽 아래는 공원(월암근린공원)으로 조성됐어. 몇 해 전만 해도 다닥다닥 집들이 들어섰던 곳인데 성곽을 복원하면서 오래된 주

홍난파 가옥 방향 성곽길

월암근린공원으로 들어서는 길의 성곽길 표지판

여름과 가을의 홍난파 가옥

택을 철거하고 공원으로 만들었지.

공원이 끝나는 자리에는 마치 동화에 나올 법한 삼각 지붕 모양의 빨간 벽돌집이 있어. 여름이면 담쟁이가 벽면에 자라고 가을이면 붉게 물드는 예쁜 집이야. '고향의 봄', '봉선화'를 작곡한 음악가, 홍난파가 말년에 머물던 집이지. 이 일대에는 본래 독일대사관이 있어서 독일인들이 주변에 많이 살았다고 하는데, 이 집도 원래 독일인 선교사가 머물던 곳이라고 해.

성곽은 이곳에서 끊겨. 이 일대에는 4~5층 규모의 연립주택, 빌라 들이 다닥다닥 들어서 있는데, 골목을 따라 걷다 보면 1층 주차장 뒤편에 성곽이 건물 축대나 담장으로 쓰이고 있어.

골목길을 지나 상록수어린이집을 지나 직진하면 인왕산공원이 나와. 여기서부터 창의문까지는 한양도성이 잘 복원돼 있어. 성곽길을 따라 거닐다 보면 인왕산

인왕산공원 입구

자락이 가까이 있지. 비밀 통로인 암문도 보여. 여기서 좀 더 올라가면 서울 시내의 경관을 조망할 수 있는 장소가 보이는데, 정면에 경복궁, 창덕궁과 그 너머 낙산 일대가 한눈에 보여. 북쪽에는 북악산 자락이, 남쪽으로는 남산과 키 높이 뻗은 빌딩들이 즐비해. 과거와 현재가 공존하는 도시, 서울의 역사를 한눈에 볼 수 있어.

 능선을 따라 잘 닦인 길을 걷다 보면 저 멀리 있던 인왕산이 손에 잡힐 듯 가까워. 인왕산 능선을 따라 복원된 옹성 아래 왼편으로 내려가면 독특한 모양의 선바위가 나와. 암석 두 개가 비죽 솟아 있는 모양인데, 가까이서 보면 암석 중간중간이 동그랗게 패여 있어. 이런 독특한 형상 때문인지 이곳에서 기도를 하면 소원이 이뤄진다는 전설이 있어서 일찍부터 신앙의 대상이 되었어. 선바위 아래에는 일제 강점기에 남산에서 옮겨 온 국사당이 있지.

인왕산공원 성곽길을 따라 왼쪽에는 아파트촌, 오른쪽으로는 울창한 숲과 절벽이 보여. 계속 걷다 보면 갈림길이 나와. 정면에 있는 계단길이 인왕산 정상을 지나 창의문으로 이어지는 성곽길이고, 우측에 있는 길은 수성동계곡으로 가는 길이야.

　인왕산 정상을 지나 창의문으로 가는 성곽길은 경사가 급해서 조심해야 해. 그렇지만 북악산을 오르는 길처럼 심하지는 않아. 길 왼쪽으로 최근 복원해 아직은 새하얀 성돌을 짜 맞춘 성곽이 보여. 돌계단뿐 아니라 철제 계단, 나무 계단과 암봉을 지나게 되니 서두르지 말고 조심해서 걷자. 범바위에서 잠깐 서서 뒤를 돌아보면 다리가 후들거리도록 아찔해. 그렇지만 남산과 키 높은 빌딩들이 손바닥보다도 작아 보여.

　다시 가파른 계단길을 지나 오르면 인왕산 정상(338m)이 나와. 인왕산 정상은

인왕산 성곽길 암문

인왕산 정상 바위

인왕산 성곽길

인왕산 옹성

서울시 서대문구와 종로구를 나누는 경계점이어서, 이 일대에서는 서울 서북쪽과 남쪽까지 훤히 보여. 인왕산 정상에는 선바위처럼 움푹 파인 돌이 있는데, 이 돌 꼭대기가 바로 인왕산 정상이야. 여기에 서면 동쪽으로는 북악산 정상으로 오르는 성곽길이 보이고, 반대편으로는 방금 지나쳐 온 돈의문 일대의 성곽과 인왕산 옹성, 그리고 서울 시내가 훤히 보여.

이제 창의문 방향으로 내려가 보자. 계단길과 산길이 번갈아 이어져 나오는데 경사가 급하니 조심해야 해. 눈앞에 펼쳐진 인왕산 자락과 북악산, 멀리 북한산을 조망하며 천천히 쉬엄쉬엄 내려가자. 이곳을 걷다 보면 서울이 얼마나 깊고 너른 도시인지 알 수 있어. 30여 분 정도 걸어 내려가 청운공원을 지나면 자하문터널 근처야. 여기서 좀 더 동쪽으로 걸어가면 윤동주문학관과 윤동주 시인의 언덕이 나와. 이렇게 해서 인왕산에서 창의문에 이르는 성곽길은 끝이 나.

한 걸음 더 둘러보자!

홍파동 홍난파 가옥
- 서울시 종로구 송월 1길 38
- 지하철 5호선 서대문역 3번 출구에서 도보로 20분
- 070-8112-7900
- 4월~10월 11:00~17:00, 11월~3월 11:00~16:00 (토, 일요일과 공휴일 휴관)
- 무료

윤동주문학관
- 서울시 종로구 창의문로 119
- 지하철 3호선 경복궁역 3번 출구로 나와 초록 버스 1020, 7022, 7212번을 타고 자하문고개에서 하차
- 02-2148-4175
- 3월~10월 10:00~18:00, 11월~2월 10:00~17:00 (월요일, 설날, 추석 휴관)
- 무료

5) 조선 후기 뜨거웠던 문화 예술의 산실, 수성동계곡

　인왕산공원에서 창의문으로 가는 길과 수성동계곡으로 가는 갈림길이 있었지? 인왕산 성곽길이 보기에도 아찔하고 무섭다면 수성동계곡 길로 가 볼까? 수성동계곡을 구경하고, 청운공원으로 걸어가면 창의문에 다다라.

　수성동계곡으로 이르는 길은 인왕스카이웨이라는 도로 옆에 난 호젓한 산책로를 따라 걸어가면 돼. 반질반질 금색으로 빛나는 호랑이 동상이 서 있는 삼거리에서 동쪽 방향으로 난 산책로를 따라 걸어가자. 이 길은 봄이면 산벚꽃이 아름답게 날리고 여름에는 녹음이 짙어. 가을에는 낙엽이 아름답고 겨울이면 눈 쌓인 풍경이 인왕산의 암벽과 어우러져 아름다운 풍경을 선사하지.

　이 일대는 서울 안이라고는 믿어지지 않을 정도로 호젓하면서도 풍광이 아름다워. 조선 시대 사람들도 이 일대의 풍경을 남산, 한강의 잠두봉과 함께 최고의 경치로 꼽으며 꽃놀이를 즐겼지. 인왕산 아래의 조선 시대 문신, 이항복의 집터인 필운대에서 바라보는 풍경이 특히 아름다웠다고 해. 특히 살구꽃이 많이 피어서 사람들이 이곳에 술병을 차고 와서 멋진 풍경과 아름답게 핀 꽃을 감상하면서 술

인왕산 성곽길

인왕제색도 (1751년, 정선)

을 마시고 시를 지었다고 하지. 그래서 필운대터에는 여러 사람들이 풍광의 아름다움을 즐기며 남긴 바위 글씨를 볼 수 있어.

 인왕산 아래는 '서촌'이라고도 불리는데, 요즘의 행정 구역으로 치면 종로구 필운동, 효자동, 청운동 일대에 해당돼. 이 일대는 조선 후기 '우대' 혹은 '웃대'라고 불리던 양반들이 거주하는 곳이었는데, 특히 18세기 문화 예술이 꽃피는 현장이었어. 직접 두 발로 우리 땅 곳곳을 돌아 독자적인 시점으로 화면에 그려 내며 '진경산수화풍'을 창안한 화가, 겸재 정선이 바로 인왕산 아랫자락에 살았어. 정선이 노년기에 그린 걸작 〈인왕제색도〉는 바로 효자동 일대에서 바라본 인왕산의 경치를 그린 그림인데 비온 뒤 구름이 서린 인왕산의 모습을 담았지.

 이 책 103쪽에 있는 오늘날의 인왕산 사진과 정선의 〈인왕제색도〉를 비교해 보자. 숨은그림찾기를 해 볼까? 뭐가 다른지 찾았니? 인왕산의 흰 바위가 정선의 그림 속에서는 모두 검게 그려져 있어. 왜 그랬을까? 비에 바위가 젖은 모습을 표현한 거야. 정선은 실제로 존재하는 경치를 그리되, 창의력을 발휘하여 바위의 색채를 바꿔서 칠했어. 덕분에 인왕산의 모습은 더욱 역동적이고 힘찬 모습으로 표현되었지.

 창의문 방향으로 거닐다 보면 수성동계곡 표지판이 나와. 원래 이 일대에는 아파트가 들어섰는데, 몇 년 전 철거하고 수성동계곡을 복원했어. 정선이 그린 〈장동팔경첩〉이라는 화첩에 〈수성동계곡〉이라는 그림이 있는데 그림 속 경치가 그대로 펼쳐져 있어. 거대한 너럭바위 사이로 수성동계곡이 형성돼 있어. 이곳에서 흐르는 물줄기가 산자락을 타고 내려가 청계천으로 이어지지. 이곳은 상류라서 물이 맑아 도롱뇽과 가재, 버들치와 개구리 등이 살고 있어. 운이 좋으면 이들을 볼

수성동계곡

수성동계곡 (18세기, 정선)

수 있을지도 몰라. 평소에는 물이 적어 계곡을 타고 내려오는 물줄기를 볼 수 없지만, 한여름 장마철에는 시원하게 물줄기가 굽이치며 내려오는 모습이 장관이야. 명필로 유명한 조선 후기의 서화가, 추사 김정희도 수성동계곡의 아름다움을 노래한 시를 남기기도 했어.

이렇게 아름다운 자연을 보니 절로 콧노래를 흥얼거리게 되고 카메라 셔터를 누르게 되지? 멋진 경치를 보면 그 경치를 눈에, 마음에 담고 싶고 이를 노래로 부르고 싶은 마음은 예나 지금이나 똑같았나 봐. 다만 옛날 사람들은 사진 대신 그림을 그리고, 노래 대신 시를 지었던 것이 다를 뿐이지.

인왕산 아랫동네인 우대에 살던 이들은 동아리 모임인 '시사'를 가지면서 많은 시와 그림을 남겼어. 사계절의 아름다움을 노래한 시와 멋진 경치를 담은 그림은 조선 후기 뛰어난 문화 수준을 보여 주는 창작물로서 지금도 전해지고 있단다. 아름다운 자연이 뛰어난 문화를 낳았던 거지.

호젓한 산길을 따라 걷다 보면 어느새 창의문이 나와. 인왕산에서 창의문, 숙정문에 이르는 서울성곽의 북쪽 구간은 웅장한 인왕산, 북악산을 끼고 있어서 도심 속에 노출된 남산 일대 구간보다 호젓해서 좋아. 자연을 관찰하기에도 더없이 좋지. 아마 이곳의 풍경이 조금 더 조선 시대의 성곽길에 가까울 거라 생각돼.

 ## 성곽의 소멸과 재탄생

500여 년간 수도 한양을 지키던 한양도성의 운명은 조선 왕조가 멸망한 뒤 왕조의 운명과 함께했어. 무력으로 우리나라를 점령한 일제는 조선 왕조의 뒤를 이어 고종이 세운 대한 제국의 주권을 빼앗고 조선 왕조를 상징하는 건물을 마구 훼손했지. 궁궐뿐 아니라 주요 관아와 시가지, 한양도성도 그 대상이 됐어. 서울뿐 아니라 지방의 읍성도 비슷한 운명을 겪었어.

또 대한 제국 말기에 전차가 도입되어 도성 안에 선로가 깔리고 새로운 도로가 나면서 평지에 있던 도성이 헐리기 시작했어. 철도 개설, 도로 확장 등으로 인해 1905년 이후에는 평지에 세워진 한양도성의 성문과 성벽 대부분이 철거되었어. 현재 서울성곽 전체 18.2킬로미터 중 10.5킬로미터만이 남고 아예 사라진 구간도 5킬로미터나 돼. 게다가 일제는 도시 계획이라는 이름 아래 조선 왕조의 역사가 담긴 공간을 허물고, 대신 자신들의 정치, 종교, 문화와 관련된 시설을 지으며 500여 년의 역사를 지닌 도성 안의 공간들을 마구 파괴했어.

36년간의 일제 강점기를 거치고 광복을 맞았지만 남북 분단이라는 정치적 혼란, 한국 전쟁 등으로 한양도성의 수난은 계속됐어. 평지의 성곽은 이미 무너진 지 오래됐고, 산자락에 들어선 성곽만 남아 있었지.

휴전 이후에 전쟁의 상처를 극복하고 무너진 나라 경제를 다시 세우기 위해 근대화, 산업화 바람이 불면서 서울로 인구가 집중되기 시작했어. 좀 더 집값이 싼 곳을 찾아 사람들은 산동네로 올라가 다닥다닥 어깨가 붙은 집을 짓고 살았어. 그 결과, 성곽이 비교적 온전히 남아 있던 인왕산 자락이나 낙산 자락마다 산동네가 형성되었지. 도시 재개발로 산동네는 점점 사라지고, 성곽이 공원으로 복원돼 다시 시민의 품에 안기기도 했지만, 여전히 일부 성곽 구간은 아파트나 빌라, 일반 주택의 담장을 대신하고 있어.

도성 복원 사업은 1975년부터 진행되어 지금도 계속되고 있어. 물론 지금의 복원 사업이 조선 시대의 모습 그대로 진행되는 것은 아니야. 살펴봤듯이 건물이나 주택, 도로가 생겨 복구에 어려운 점이 많아. 그러나 지금 우리가 할 수 있는 방법으로 도성을 복원하고, 그 의미를 되새기고, 소중하게 여기며 가꾸는 과정에서 성곽은 새로운 의미를 얻고 다시 탄생한다고 할 수 있어. 이것이 결국은 우리의 역사를 지키고 문화를 가꾸는 일이야.

Part 3

외곽에서 도성 한양을 지킨 서울의 산성들

 # 남한산성

우리나라는 예로부터 이민족의 침입이 잦아서 원치 않은 전쟁을 많이 치러야 했지. 삼국 시대, 고려 시대를 떠올려 봐. 전 국토를 초토화시킨 대규모의 전쟁으로 인해 많은 이들이 죽거나 다치고 살아남은 이들 또한 힘겹게 살아야 했어. 그러나 한양을 도성으로 삼은 조선 시대 초·중기에는 온 나라를 쑥대밭으로 만드는 큰 전쟁은 드물었어. 대개 북방의 함경도 지역과 남해와 서해 등 해안가를 중심으로 비교적 규모가 작은 국지전이 벌어졌지.

조선이 개국하고 나서 오랜 시간 평화로운 시대가 지속되면서 조선 시대 사람들은 점차 전쟁을 잊었어. 그래서 한양을 둘러싼 도성 이외에 도성을 지킬 외성이나 피란성을 지어야 할 이유를 찾지 못했지. 그러다 조선 중기에 왜인들이 쳐들어 온 임진왜란과 여진족이 쳐들어 온 병자호란이라는 두 차례의 큰 전쟁을 겪으며 한양이 한순간에 마비되고 적들에 수난을 당하는 모습을 보면서 한양도성만으로는 수도를 지키기가 충분치 않다는 것을 깨우쳤어. 그래서 한양도성 외곽에 수도를 지키기 위한 산성을 지었는데 그게 바로 남한산성과 북한산성이야. 넓게 보자면 한양도성은 수도 한양의 경계를 따라 지은 한양도성과 이를 남북에서 떠받치는 남한산성과 북한산성을 모두 포함하고 있지. 한양도성과 한양 외곽 산성들의 이중 방어 체제는 세계적으로도 그 역사성과 가치를 인정받고 있어. 특히 전쟁이 터졌을 때 임시 수도의 역할까지 담당했던 남한산성은 2014년 유네스코 세계문화유산에 등재됐어.

남한산성은 어디에 있을까

남한산성은 '한강 이남에 있는 산성'이라는 뜻을 담고 있어. 이름 그대로 한강 동남쪽에 있지. 행정 구역상으로는 경기도 광주시와 성남시, 하남시에 걸쳐 있어. 남한산성의 주요 시설물이 몰려 있는 성 안은 광주시 중부면에 속해. 지금의 행정 구역 구분을 따르면 서울시에 속하지 않지만, 과거에는 뱃길을 이용해 한강을 건너면 금방 도착하는 곳이었어.

경사가 급한 남한산성 길

남한산성은 산봉우리를 따라 지은 포곡식 산성이다.

    남한산성은 산봉우리와 골짜기를 따라 지은 포곡식 산성이야. 해발 500미터 높이의 청량산 중턱에 지어졌는데, 청량산뿐 아니라 주변에 연주봉, 벌봉 등 높은 산봉우리가 솟아 있어. 남한산성이 위치한 청량산은 서쪽이 높고 동쪽이 낮은 지형으로, 지금은 산성 내부를 통과하는 도로가 나 있어서 버스나 자동차를 타고 쉽게 들어갈 수 있어. 하지만 버스나 승용차를 타고 굽이치는 산길을 지나려고 하면 혹시 저 낭떠러지 아래로 떨어지는 것은 아닐까, 조금 무서운 생각도 들어. 그만큼 경사가 급하다는 이야기야.

    옛사람들은 어떻게 이곳을 드나들었냐고? 걷거나 말을 타거나 신분이 높은 사람들은 가마를 타고 이동했겠지. 그러니 조선 시대 사람들이 이곳을 드나드는 일은 지금 우리가 드나드는 일보다 훨씬 어려웠을 거야. 그만큼 사람의 접근이나 이동이 쉽지 않으니 적이 접근하기도 쉽지 않았을 거야. 그래서 남한산성을 '천작지성(天作之城)', 즉 '하늘이 만들어 준 천혜의 요새'라고 불렀어. 가파른 고갯길을

넘어서 산성문을 통과하면 그 너머에는 놀랍게도 고요하고 평온한 산마을이 펼쳐져 있단다.

남한산성에는 무엇이 있을까

차를 이용하면 굽이치는 도로를 지나 터널을 통과해야 하고, 걸어서 올라가면 성문까지는 급경사가 나 있어서 조금 힘들어. 그렇지만 성문을 통과하면 남한산성 안의 모습은 성 밖과는 사뭇 다른 분위기야. 완만한 분지에 평온한 마을이 자리 잡고 있지.

청량산 중턱에 세워진 남한산성의 규모를 살펴볼까? 본성의 성벽 둘레만 약

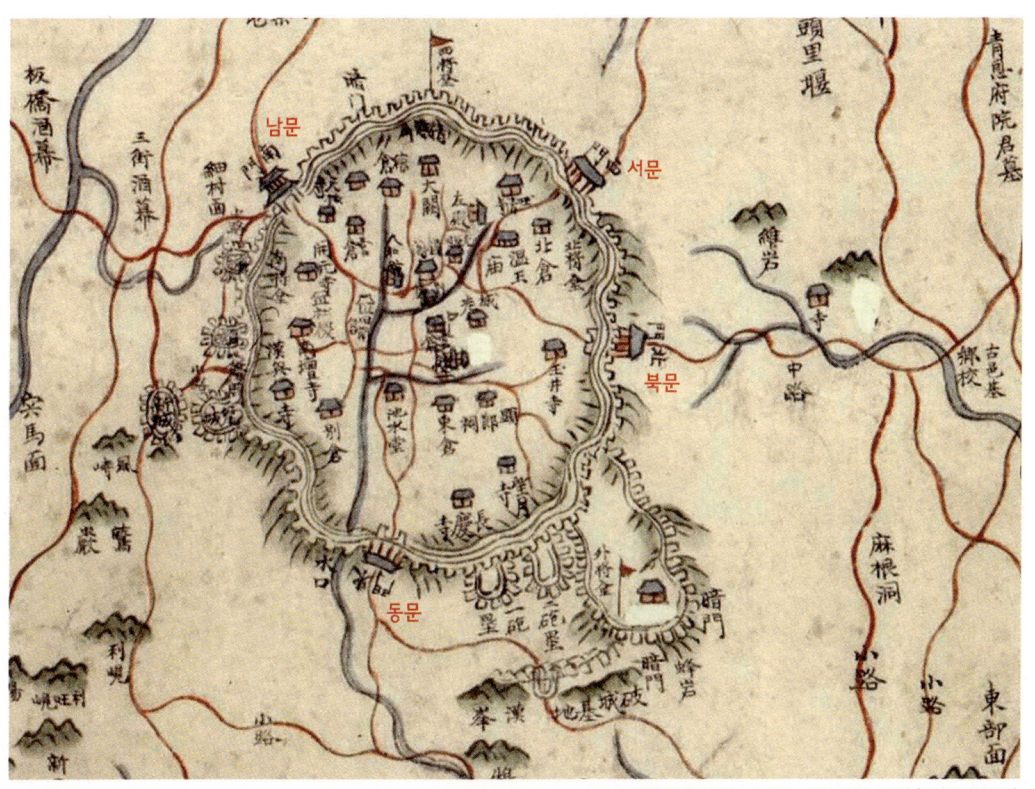

〈해동지도〉에 나타난 남한산성 일대 (18세기 중엽)

7.5킬로미터에 달해. 남한산성 동북쪽 산기슭에 튀어나온 봉암성과 한봉성, 서쪽의 신남성 등 외성을 비롯해 옹성 5곳의 둘레를 모두 재면 12.3킬로미터에 달해. 성벽 곳곳에는 외부와의 통신을 위해 설치한 봉수대와 화포 공격을 위해 설치한 군사 시설인 돈대와 포루도 있지.

성문은 동서남북 각 방향에 나 있어. 무지개 모양의 홍예문으로 사람이 드나들게끔 되어 있고, 위에 누각이 설치되어 있지. 그러나 서북쪽은 경사가 급해서 사람이 드나들기 어려워. 실제 출입문의 역할은 남문과 동문이 담당하고 있어. 이 중 가장 크고 웅장해서 주출입문 역할을 하는 것은 남문이야. 남문은 '지화문(至和門)'이라고도 불러. 북문은 '전승문(戰勝門)'이라고 하는데 전쟁에서 승리한다는 뜻을 담고 있어. 동문은 '좌익문(左翼門)', 서문은 '우익문(右翼門)'이라고 해. 서문에서 바라보는 전망이 가장 좋아. 서울 동남쪽의 송파구와 성남시 일대가 훤히 보이고, 맑은 날이면 한강을 따라 멀리 여의도 63빌딩이 보일 정도지. 그래서 이곳에 야경을 보러 오는 이들도 많단다.

남한산성 성벽인 체성을 따라 비밀 출입문인 암문도 16개나 있어. 암문은 적의 눈에 띄지 않게끔 누각을 세우지 않고 체성 중간에 네모반듯하게 냈어. 여기로 무기나 식량 등을 날랐지. 옹성도 5곳이나 있어. 옹성은 원래 성문을 보호하기 위해 성문 앞에 한 겹으로 더 쌓은 성벽을 말하는데, 남한산성의 옹성은 성문 앞이 아니라 성벽 앞에 쌓았어. 남한산성이 있는 청량산 주변에는 비슷한 높이의 산봉우

북문

남문의 안쪽

 남문 제1남옹성
 남문 제2남옹성

리들이 솟아 있어. 따라서 적들이 남한산성이 바라다보이는 맞은편 산봉우리를 점령해서 화포로 공격할 경우, 성이 무너질 가능성이 있기 때문에 이에 대비하여 산성 앞에 한 겹 더 성벽을 쌓은 것이지. 5개의 옹성 중 3곳은 남한산성 본성 바로 앞에 지어졌어. 경사가 비교적 완만한 남쪽에 세 개의 옹성이 차례대로 세워졌어. 남쪽의 옹성은 순서대로 '제1남옹성', '제2남옹성', '제3남옹성'이라고 불러. '연주봉옹성'은 서문과 북문 사이에 삐져나온 연주봉과 본성을 연결하기 위해 지어졌고, 남한산성 동쪽 동장대터에는 '장경사신지옹성'이 하나 더 있어.

남한산성은 전쟁이 벌어지거나 이에 준하는 비상사태가 발생했을 경우에 한양

 동문 옆으로 난 수문
 서울 근처의 암문

도성을 버리고 대피하기 위한 목적에서 지어졌어. 그래서 산성 안에는 군사 시설물뿐 아니라 일상생활을 하는 데 불편함이 없도록 필요한 시설을 갖춰야 했지. 일상생활을 위해 가장 먼저 확보되어야 하는 것은 식량과 식수야. 남한산성 안에는 우물이 80여 군데, 연못이 45개나 있었다고 해. 풍부한 물이 외부로 빠져나갈 수 있게끔 수문도 28군데나 설치했어. 분지 지형에 물을 댈 수 있으니 농사도 지을

남한산성 동문과 서문의 비밀

동문인 좌익문

서문인 우익문

남한산성의 동문인 좌익문과 서문인 우익문은 각각 '왼쪽 날개문', '오른쪽 날개문'이란 뜻을 지니고 있다. 보통의 지도는 우리와 마주한 남쪽을 기준으로 해서 북쪽이 위, 남쪽이 아래, 동쪽이 오른쪽, 서쪽이 왼쪽이다. 이대로라면 남한산성의 동문은 '우익문'이라 불러야 하고, 서문은 '좌익문'이라 불러야 하는데 방위를 반대로 하여 이름을 붙였다. 왜일까?

조선 시대에는 모든 기준이 나라님, 즉 왕이었다. 왕은 늘 북쪽을 등지고 남쪽을 향해 앉아 있었다. 경복궁이나 창덕궁처럼 한양도성에 있는 왕이 머무는 궁궐 전각들도 모두 남향으로 지어졌다. 이렇게 남쪽을 향해 앉은 왕을 기준으로 하면 동쪽이 왼쪽, 서쪽이 오른쪽이 된다. 그래서 오늘날 현대인의 눈에는 남한산성 동문과 서문의 이름이 뒤바뀐 것처럼 보이는 것이다.

왕을 중심으로 한 좌우의 방위명은 지명이나 관청 이름을 지을 때도 적용됐다. 지금의 행정 구역은 전라북도와 전라남도, 경상북도와 경상남도처럼 보통 남도와 북도로 나뉘어진다. 그러나 조선 시대에는 전라좌도와 전라우도, 경상좌도와 경상우도로 나뉘어졌다. 그래서 조선 시대 전라도 수군을 통제하는 최고 기관인 전라우수영은 한반도의 서쪽인 전남 해남에 설치되었고, 이웃한 진도 앞바다 명량에서 벌어진 명량대첩(1597년 이순신이 이끄는 수군이 명량에서 왜선을 크게 물리친 싸움)에도 전라우수영 소속 군사들이 출전했던 것이다. 반면 전라좌수영은 경상도와 인접한 여수에 설치됐고, 거제와 통영은 경상우수영, 부산에는 경상좌수영이 설치됐다.

수 있었지. 또 곳곳에 군인과 무기, 식량 들을 저장하는 군포가 124곳, 왕이 머물 수 있는 행궁과 관아, 사찰과 사당 등이 설치됐어.

남한산성은 왜 지었을까

우리가 만나는 지금의 남한산성 성곽은 대부분 규격을 맞춘 돌과 구운 벽돌인 전돌을 착착 쌓아 만들어 단단하고 위풍당당한 모습을 하고 있어. 현재의 모습은 조선 후기인 18세기에 한양도성을 크게 보수했을 때의 모습에 가까워. 이전에는 흙과 돌을 쌓아 만든 성곽이 있었다고 해.

이 일대는 한강 유역을 놓고 백제와 고구려, 신라가 쟁탈전을 벌이던 곳이야. 기록에 따르면 삼국 통일 후 당나라와 대치하던 통일신라의 문무왕이 한강 유역

돌의 규격을 맞춰 쌓은 남한산성의 위풍당당한 모습

에 주장성을 쌓았다고 하는데 주장성이 남한산성일 가능성이 커. 실제로 2000년대 후반에 남한산성 안쪽 행궁터를 팠더니 2~3세기 무렵의 백제 시대 토기와 통일신라 시대의 건물지, 기와 파편이 다량 발견됐지. 현재 행궁에 가면 통일신라 시대의 유적을 볼 수 있도록 전시관을 만들어 놨어. 한편 고려 시대에는 전 국토를 휩쓴 몽고군의 침략을 피해 이 일대에 살던 백성들이 남한산성에 들어가 몽고에 대항했다고 해. 이 같은 기록을 통해 이 지역이 오랫동안 군사적으로 중요한 지역이었다는 것을 알 수 있어.

조선 전기 세종 때 지은 〈세종실록지리지〉에는 남한산성이 '일장산성'이라는 이름으로 기록되어 있어. 일장산성은 해가 하루 종일 든다 해서 지어진 이름인데, 기록에는 군사들이 먹을 군량미를 보관하는 창고와 가뭄에 마르지 않는 우물 7개, 논과 밭이 있었다고 해. 이런 기록들을 중심으로 살펴보면, 조선 인조(제16대

통일신라의 기와터

행궁 하궐   통일신라 시대 기와터

사건에는 증거와 증인이 필요하듯이, 어떤 역사적 주장을 입증하기 위해서는 유적과 유물이 필요하다. 남한산성이 백제 시대 것이다, 통일신라 시대 것이다, 여러 주장들이 많았지만 2000년대 남한산성 행궁 하궐터에서 통일신라 시대의 건물터와 성벽의 흔적 및 기와 등이 발견되었다. 기와라고 하면 시시해 보이지만, 기왓장에 글씨가 새겨져 있어서 이 기와가 어떤 목적으로 언제 만들어졌는지를 알 수 있게 됐다. 길이는 보통 37~39센티미터가 많았지만, 이 중에는 두 배나 되는 64센티미터의 길이에 무게만 19킬로그램에 달하는 대형 기와도 있다. 발굴 결과, 이들 기와가 얹힌 건물은 화재로 불에 타 버리면서 무너진 것으로 확인됐다.

왕) 때 성을 다시 보수하기 전에 이미 삼국 시대에 이 자리에 산성이 지어졌고, 통일신라, 고려, 조선 전기를 거치며 이름은 조금씩 달리 불렸지만 남한산성이 있었던 것은 사실임을 알 수 있어.

인조, 남한산성을 다시 짓다

남한산성의 역사에서 가장 중요한 시기는 남한산성을 크게 고쳐 지은 인조 당시야. 먼저 당시 상황을 살펴보면, 조선 왕조는 16세기 말 임진왜란을 겪고 나서 나라의 국방을 튼튼히 할 필요성을 느끼기 시작해. 조선을 둘러싼 국제 정세가 달라졌거든. 무시했던 이민족들이 힘을 길러 호시탐탐 조선을 위협하고 있었기 때문이지. 천하제일이라며 동아시아를 호령하던 명나라는 내분으로 쇠락해 가고,

보수된 성곽 여장과 총안

동문 일대 성곽

남문 일대의 성곽

중국 변방에 살던 기마 민족인 여진족이 '후금'이라는 나라를 세워 점점 힘을 키워 가고 있었지. 여진족은 조선 시대뿐 아니라 고려 시대에도 국경 지역에 나타나 우리나라를 침략했어.

　여진족을 예의 주시하던 광해군(조선 제15대 왕)은 1621년 후금이 침입할 경우를 대비하여, 과거 신라가 흙으로 만든 남한산성의 성곽을 튼튼한 돌로 바꿔 올리는 공사를 시작했어.

　광해군의 뒤를 이어 왕이 된 인조는 1624년 이괄의 난(광해군을 몰아내고 인조가 왕이 되는 데 이괄의 공이 컸으나 2등 공신으로 책봉되자 불만을 품고 일으킨 반란)으로 잠시 한양도성을 떠나 충청도 공주로 피난을 갔다가 돌아왔어. 그 뒤 도성에 비상 상황이 발생할 경우 피란할 곳이 필요하다는 의견에 한강과 가까운 남한산성을 주목하고 남한산성의 보수 공사를 지시했지. 남한산성 보수 공사는 1624년에 시작되어 2년여 만인 1626년에 끝이 났어. 세종 때 쓰인 〈세종실록지리지〉에 따르면 당시 남한산성의 둘레가 어른 걸음으로 3993보(步)였다는데, 인조 때 크게 손을 보고 다시 지으면서 둘레가 2배나 큰 6297보로 늘어났다고 해. 성곽을 따라 여장도 1897개를 짓고, 옹성과 암문, 군수 물자를 저장하는 군포도 지었어. 또 왕이 거처하는 행궁을 짓고 우물과 샘을 새로 만들고 벼슬아치가 머무르는 숙소인 객관도 지었지.

인구 4천 명이 살던 거대한 산성 도시, 남한산성

남한산성을 다시 지으면서 일어난 가장 큰 변화는 남한산성 안으로 도시를 옮긴 거야. 남한산성이 속한 행정 구역은 광주부(당시 경기도에서 가장 규모가 크던 행정 구역)인데, 조선 시대 광주부의 중심지는 산 아래인 지금의 하남시 일대에 있었어. 그런데 1626년에 남한산성을 고쳐 쌓으면서 광주부 읍내를 산성 안으로 옮기고 백성들도 옮겨 살게 했어. 지금으로 말하면 하남시청 건물을 남한산성 안으로 옮기고 하남시 시민들을 이주시킨 거지.

왜 산성 안으로 마을을 옮겼냐고? 아무리 잘 지은 집이라도 사람이 살지 않으면 금세 폐가가 되잖아? 산성도 마찬가지야. 비상시를 대비해 산성을 유지하기 위해서는 일정한 인력이 필요했어. 사람들이 산성 안에 살고 있어야 산성의 방비 체계가 원활히 돌아갈 수 있었어. 그래서 산성 안으로 사람들을 옮겨 살게 했던 거야.

그러나 이미 삶의 터전이 따로 있던 백성들을 이주시켜야 했기 때문에 이들에

남한산성 수어장대 부근에서 본 서문 일대의 전경

남문 제3남옹성을 지나 동문으로 가는 길

게 부역을 면제해 주는 조건을 내걸었어. 부역은 조선 시대 백성이면 누구나 지켜야 했던 의무로, 나라의 이런저런 일에 노동을 제공하는 것을 뜻해. 산성 밖에 사는 백성들에게 산성 안으로 이사를 하면 부역을 면제해 준다고 제안한 거지. 그때 당시 이를 받아들여 성 안으로 이주한 이들이 약 300가구였어.

즉, 남한산성은 조선 시대 최초의 계획도시이자 군사도시였던 거지. 백성이 살지 않던 산성 안에 사람들이 옮겨 살면서 마을이 형성된 거야. 산과 강 등 지형을 따라 살기 편한 장소에 사람들이 모여 살며 형성되는 자연 부락과는 다른 역사를 갖고 있어.

높은 산 중턱에 있는데 살기 어렵지는 않았을까? 남한산성은 평지보다 높은 산지이기는 하지만 한가운데가 오목한 분지 지형이어서 안온하고 포근해. 더욱이 물이 풍부하고 곡식과 채소를 경작할 수 있는 논밭까지 있어서 먹고살기에는 큰 어려움이 없었다고 해. 그래서 이곳의 인구는 빠른 속도로 늘었어. 17세기 백성들이 살지 않던 산성 안으로 300가구가 이주하고 난 뒤, 100여 년이 지난 18세기 중엽에는 1076가구, 4108명이 거주했다는 기록이 〈여지도서〉(18세기 당시의 지리지)에 남아 있어. 쉽게 말해서 100년 사이에 집이 300채였다가 1000여 채로 늘어난 거야. 3배 넘게 증가했으니까 그야말로 '폭풍 성장'했다고 할 수 있지.

인조는 왜 남한산성으로 대피했을까

남한산성이 일반 시민들도 거주하는 도시가 되었지만, 알다시피 남한산성은 애초에 군사 목적으로 지어졌어. 만일을 대비한 것이기는 하지만, 남한산성을 다시 지은 인조는 불행히도 남한산성으로 피란을 간 최초이자 최후의 왕이 됐어. 이 사건은 1636년에 일어난 병자호란이라는 큰 전쟁과 관련이 깊어. 병자호란은 중국의 명나라가 쇠약해진 틈을 타서 북방에 새롭게 들어선 여진족의 나라, 청나라가 조선을 침략한 사건이야. 당시 조선은 명나라를 황제의 나라이며, 조선은 이보다 한 단계 낮은 왕의 나라라고 하여 황제의 나라인 명나라를 섬기는 사대 정책을 취했어. 조선은 이 밖의 이민족인 왜인이나 여진족에 대해서는 적당히 어르고 달래 주는 교린 정책을 취했지.

그런데 청나라가 점차 힘을 키우면서 조선을 위협하기 시작했어. 청나라는 후금이라는 나라 이름을 사용하던 1627년, 이미 조선의 국경을 침입한 적이 있어. 무방비 상태로 청나라에 당한 조선은 겨우 '형제의 맹약'이라는 화의 조약을 맺었어. 그러나 그 이후에도 여진족들이 압록강을 건너와 조선 국경 지대에 있는 마을을 약탈하고, 교역을 비롯해 공물 등 더 많은 사항들을 요구했어. 게다가 형제의 맹약 대신에 명나라와의 관계처럼 청나라를 군주로 섬기는 '군신의 관계'를 요구했지. 그러자 조선 내부에서는 여진족과 청나라에 대한 반감이 급격히 커지면서 선전포고를 하려는 움직임까지 일었어. 이런 분위기를 눈치챈 청나라는 조선이

화의 조약을 어겼다며 그 죄를 묻는다는 이유를 들어 조선에 쳐들어왔어. 이것이 바로 병자호란이야.

이 전쟁은 조선에 불리했어. 청나라는 기마 민족의 후예로 전투에 능한 데다, 조선보다 훨씬 위도가 높은 지역에 살아서 혹독한 추위에 강했거든. 인조 14년인 1636년 음력 12월 2일, 청나라 태종이 이끄는 군사 12만 명이 청나라의 수도 심양에서 출발했어. 일주일이 지난 12월 9일에는 압록강을 건너 남쪽으로 진격해 불과 6일 만에 한양도성 코앞에 도착했지. 이 소식을 듣고 화들짝 놀란 인조는 처음에는 강화도로 피난 가려 했어. 강화도는 고려 시대에 몽골족이 쳐들어왔을 때 고려 왕족들이 건너가 거처하면서 38년간 임시 수도의 역할을 했을 정도로 방어에 유리한 곳이었거든. 그러나 강화도로 가는 길은 이미 적들에 막혀 다른 피난처를 찾아야 했지. 그 때문에 수년 전 보수한 남한산성으로 들어가게 된 거야.

인조 일행은 12월 14일 한양도성 안의 시체가 빠져나가던 광희문을 통과해 광나루에서 배를 타고 송파나루에 내려 12월 15일 새벽 남한산성에 도착했어. 인조와 더불어 남한산성에는 신하와 군사, 일반인 등 1만 3천여 명이 머물게 됐어. 그러나 당시 산성에는 군량미가 1만 4천여 석밖에 없었다고 해. 1만 3천여 명이 겨우 50여 일을 버틸 만한 분량이었지. 인조 일행을 쫓아온 청 태종의 군대는 남한산성이 보이는 지금의 서울 잠실 일대에 진을 치고 남한산성을 에워쌌어. 무려 12만 명의 청나라 군사가 진을 치고 있었지.

천혜의 요새라고는 하지만 청나라 군대에 포위되어 지원군은 기대할 수 없었어. 구원병들이 전국 각지에서 일어났지만 남한산성에 도달하기도 전에 이미 적들에 패했어. 무엇 하나 조선에 유리한 것이 없었어. 날은 춥고 성 안의 식량도 충분치 않은 데다가, 산성 안의 조정에서는 치열한 토론이 벌어졌어. 50여 일치의 식량이 떨어지고 나면 그 이후에 어찌해야 할까를 두고 의견이 대립됐거든. 끝까지 청나라와 싸우자는 사람들과 청나라와 화해하여 나라와 백성의 안전을 도모해야 한다고 주장하는 사람들 사이에 치열한 논쟁이 벌어졌어.

고립된 산성 생활과 추위, 식량난은 결국 인조를 무릎 꿇게 만들었어. 인조는 남한산성으로 피란 간 지 47일 만인 1637년 1월 30일, 산성에서 내려와 삼전도(지금의 서울 송파구)에서 청 태종에게 세 번 절하고 아홉 번 머리를 조아리는 항복 의식을 행했어. 청과 화해를 하는 것이 낫다고 주장하는 사람들이 이긴 거지. 이는 명나라를 받들어 섬기는 명분보다는 백성을 지키고 종묘사직을 잇는 일이 더 중요하다는 판단 때문이었어. 살아야 훗날을 도모할 수 있다는 생각에 말이야. 하지만 이 일은 조선의 왕으로서는 더없는 치욕이었고, 조선의 왕이 이민족 오랑캐에게 무릎을 꿇었다는 사실은 사대부들에게도 큰 충격을 안겨 줬지. 유교의 가치인 어짊과 의로움으로 이상적인 정치를 펼 수 있다고 믿었던 조선의 사대부들은 세상이 달라졌음을 깨닫게 되었어.

인조가 머물던 행궁에는 무엇이 있을까

병자호란 때 인조가 머물던 행궁은 남한산성 종로거리와 지척에 있어. 원래 행궁은 평상시 왕이 한양의 궁궐을 떠나 도성 외곽으로 행차를 나갔을 때 머무는 임시 궁궐을 말해. 조선 시대에는 이곳 남한산성 말고도 강화도와 수원, 온양, 북한산 등 전국 10여 곳에 행궁이 세워졌어. 하지만 아무리 작고 임시 행궁이라고 해도 왕이 머무는 곳이었기 때문에 격식을 갖춘 공간이 필요했어. 평소 왕이 머무는 창덕궁이나 경복궁처럼 으리으리하진 않더라도 최소한의 궁궐 역할을 할 수 있도록 왕이 머물며 휴식을 취하는 내전과 공식 업무를 보는 외전을 함께 갖추었어.

청량산 남동쪽 기슭에 세워진 행궁은 1624~1626년에 남한산성을 정비하면서 지어졌어. 행궁이 들어선 자리는 산성 안에서 지대가 높은 편에 해당돼. 왕이 머무는 곳인 만큼 보안을 위해 낮은 언덕으로 가려진 지금의 자리에 지어졌거든.

행궁의 주 출입문인 한남루는 거대한 누각 형태로 되어 있는데, 주춧돌의 키가 매우 커. 이곳을 지나면 행궁 영역이야. 행궁은 크게 왕이 머물며 쉬는 상궐과 신

행궁의 주 출입문인 한남루

하들과 함께 나랏일을 돌보는 공간인 하궐로 구분돼. 상궐은 지대가 높은 서쪽에, 하궐은 이보다 낮은 동쪽에 배치되어 있어. 특히 왕을 잘 지키고 보호하기 위해 왕이 잠을 자고 머무르는 침전, 곧 내행전 주변에 겹겹이 담장을 둘러싸서 보호했어.

상궐 침전 내부

현재 하궐에 해당하는 외행전 마당에는 통일신라 시대의 건물터를 관람할 수 있게끔 만들어 놨어.

본래 행궁에는 상궐과 하궐만 있었는데 후대에 광주부가 옮겨오면서 규모가 커졌어. 행궁 상궐과 하궐의 우측에 자리한 일장각과 좌승당은 광주부와 관련된 건

왕이 머무는 상궐, 침전

하궐인 외행전 앞에서 임금 행차를 재현 중이다.　　　　　　　　　　　　일장각

좌승당　　　　　　　　　　　　　　　　좌전과 우실

물이야. 좌승당은 광주부를 다스리는 관아에 해당하고, 일장각은 광주유수가 머물던 숙소야.

　남한산성 행궁의 가장 큰 특징은 바로 조선 왕실에서 가장 소중하게 여긴 종묘사직을 갖춘 유일한 행궁이란 점이야. 한양에 도성을 지을 때도 경복궁을 짓고 좌우에 종묘와 사직을 세웠듯이, 이곳에도 위기 시에 수도의 역할을 할 수 있게끔 종묘사직을 세웠지. 그래서 행궁 오른편 언덕에는 종묘에 해당하는 좌전과 사직단에 해당하는 우실이 자리하고 있어.

남한산성에 머문 왕들

남한산성은 병자호란 때 인조가 청 태종에게 항복하면서 크게 불타 버렸어. 청나라는 조선이 함부로 군사 시설을 짓지 못하도록 약조를 받아 냈지. 한동안 손을 못 대다가 50여 년이 지나 청나라의 감시가 느슨해진 무렵, 숙종이 남한산성 정비를 다시 시작했어. 그리고 정조, 영조, 순조 대에 조금씩 보강됐어. 후대의 왕들은 병자호란과 같은 전쟁에 대비하여 남한산성을 유지하고 보수하는 데 꾸준히 관심을 기울였거든.

숙종은 남한산성 동쪽 봉우리인 망월봉과 벌봉에 산성인 봉암성과 한봉성을 쌓았어. 병자호란 때 청나라 군사들이 남한산성과 높이가 비슷한 벌봉과 한봉 능선에 올라 산성 안을 엿보며 화포를 쏘아 댔거든. 훗날 비슷한 상황이 벌어질까 봐 아예 적들이 접근하지 못하게 주변의 봉우리인 벌봉과 한봉에까지 산성을 연장해

정조 때 석회와 구운 벽돌을 이용해 여장을 더욱 견고히 쌓았다.

쌓은 거지. 그리고 행궁을 보수하면서 행궁의 우측 언덕에 종묘사직의 위패와 신주를 모셔 와 제사를 지낼 수 있게 했지.

영조 때는 서쪽의 신남성에 화포 공격을 할 수 있는 돈대를 설치하고 남쪽에는 장수가 올라 군사를 지휘하는 장대도 만들었어. 정조 때는 산성을 전부 보강하고 사대문에 이름을 붙였지. 특히 정조 때는 구운 벽돌과 석회를 이용하여 이전보다 훨씬 견고하면서도 화포 공격에 버틸 수 있는 단단한 성곽을 쌓았어. 순조 때는 광주유수가 행궁을 보살피며 광주부의 일을 볼 수 있게끔 행궁 안에 일장각과 좌승당을 세웠고 군사 시설을 갖췄어.

그리고 이들 왕들은 한양도성 밖 여주, 이천 등에 있는 선대의 왕릉을 참배하러

남한산성 동문 일대는 산성 안을 관통하는 도로가 나면서 성곽이 끊겼다.

오가는 길에 늘 남한산성 행궁에 들렀어. 이동 거리상 이곳이 하룻밤 묵어 가기에 적당한 위치에 있기도 했지만 다른 이유도 있었지. 병자호란이라는 치욕의 역사를 되새기며 다시는 이 같은 일이 벌어지지 않게 하겠다는 다짐을 되새기기 위해서였어. 그래서 숙종은 남한산성에 들르면 연무관에서 열리는 야간 군사 훈련을 참관하고 장대에 올라 시를 읊곤 했지.

남한산성의 수난

왕이 종종 행차를 나오고 광주부의 고을이 있던 산성 도시, 남한산성은 그러나 20세기가 되면서 다른 운명을 걷게 돼. 19세기 후반에 일제가 조선을 식민지화하려는 야욕을 노골적으로 드러내면서 힘을 잃은 조선의 전 국토는 수난을 당했지. 갑오개혁(1894~1896년까지 추진된 근대 개혁 운동) 이후에 일본의 입김에 따라 추진된 근대화 정책으로 조선 시대의 행정 구역이 바뀌고 전국 팔도에 있던 읍성 성벽이 헐렸어.

남한산성도 마찬가지로 수난을 겪었어. 남한산성은 1895년 명성 황후 시해 사건으로 들고 일어난 경기도 의병들의 주요한 근거지로 지목되었어. 당시 이곳에서 활동한 경기도 의병들은 영남과 호남, 충청 지역의 의병들과 합세하여 서울로 진격해 일본군과 싸우고, 러시아공사관으로 피신한 고종을 궁궐로 환궁시킬 계획이었지만 끝내 꿈을 이루지 못했지. 이후 일본은 1907년 대한 제국의 군대를 해산시키라는 명령을 내리면서 성 안의 무기고와 화약고를 폭파시켰어. 이 당시 행궁과 여러 시설물, 사찰이 불에 탔어.

1917년에는 남한산성 일대가 경기도 항일 의병의 근거지라는 이유로 400여 년간 사람들의 삶이 이어져 온 남한산성을 해체하기 시작했지. 산성 안에 있던 광주 군청을 산성 밖으로 이전하고 산성 안 주민들도 바깥으로 나가 살게 했어. 그리고

남문

남문 근처의 공덕비

는 산성 안에 관광용 호텔과 음식점을 지었어. 조선 최초의 계획도시이자 군사도시이던 이곳의 역사와 의미를 지우고 남한산성을 한낱 관광지로 바꾸려는 의도였던 거야. 이로 인해 산성 안 인구는 대폭 줄었어. 많을 때는 4000여 명이 살았다는 산성에는 이제 480여 명만이 거주하고 있어.

남한산성 탐방하기

남한산성 안은 매우 넓어서 하루 안에 다 돌아보는 일은 쉽지 않아. 성벽을 따라 한 바퀴 도는 방법은 성곽길을 완주한다는 의미는 있지만 대신 성 안의 다른 시설물은 보기 어렵지. 그러니 성곽길을 몇 개의 구간으로 나눠서 관심이 가는 시설물을 함께 돌아보는 방법이 좋을 것 같아.

남한산성도립공원 안내소에서 나눠 주는 안내 지도에는 총 5개의 등산 코스가 소개되어 있는데, 이 중 4개가 남한산성 내부를 4개의 권역으로 나누어 돌아보도록 구성되어 있어. 대부분 3시간 정도면 넉넉히 돌아볼 수 있어. 마지막 제5 코스만 남한산성 본성 전체를 돌아보는 코스여서 시간이 오래 걸려.

대부분 코스의 시작점은 남한산성 한가운데 종로거리야. 남문이나 동문을 따라 성 안으로 들어가면 한가운데 보이는 사거리가 종로거리야. 시각을 알리는 종이 설치된 종각이 있어 '종로'라 불렸지. 그러나 지금은 사라지고 종로거리 주변에는 이런저런 음식점들이 몰려 있어. 100여 년 전 남한산성이 훼손되기 전에도 산성의 중심지였던 종로를 중심으로 동서남북에 남한산성 안 주요 시설이 흩어져 있어.

주요 시설은 남문과 북문을 기준으로 했을 때 서쪽 부분에 몰려 있어. 왕이 머물던 임시 궁궐인 행궁, 지휘 본부 역할을 한 수어장대를 비롯해서 숭렬전, 침괘정, 관아와 객사 등이 자리 잡고 있지. 동쪽 부분에는 망월사, 장경사, 개원사 등 사찰이 많아. 간략하게 남한산성의 주요 유적지를 훑어보고 군사 시설 위주로 남한산성을 살펴보고 싶다면 서쪽 부분을 공략하고, 호젓하게 성곽길을 따라 걸으며 고즈넉한 사찰의 정취를 맛보고 싶다면 동쪽 부분을 탐방해 보자.

출발 전에 알고 가자!

남한산성 안은 꽤 넓다. 주요 시설은 중앙과 서북쪽에 몰려 있고, 동쪽 일대에는 나중에 쌓은 외성과 사찰 등이 자리한다. 안내소에서 나눠 주는 지도를 받아 산성 가운데 있는 행궁과 수어장대, 숭렬전, 남한산성역사관 등 주요 시설물을 먼저 둘러보고 4개 문을 따라 걷는 방법이 좋다. 자동차를 이용하면 주로 남문이나 동문을 통과해서 산성 안으로 진입하게 된다. 자동차나 버스를 타면 빠르게 산성 안으로 진입할 수 있다는 장점이 있고, 등산로를 따라 외곽에서부터 걸어가면 조선 시대 사람들이 다니던 길을 따라 역사를 더듬어 본다는 의미가 있다.

너무 추운 겨울을 제외한 봄, 여름, 가을에는 남한산성 안에서 다채로운 문화 행사가 열린다. 산성 안을 지키던 군사들이 훈련받던 모습을 재현하고 체험하는 프로그램을 비롯해, 우리 소리를 들을 수 있는 공연, 사진전 등이 열린다. 이 같은 행사는 남한산성문화관광사업단 홈페이지에서 확인해 보고 가는 것이 좋다.

🏠 경기도 광주시 중부면 산성리
🚗 지하철 8호선 산성입구역에서 버스를 타거나 등산로를 이용하여 남문으로 진입
📱 남한산성문화관광사업단 031-777-7500, 행궁 관람 문의 031-746-2811
🕐 행궁 관람 4월~10월 10:00~18:00
　　　　　11월~3월 10:00~17:00 (월요일 휴무)
💲 남한산성 무료, 행궁 : 만 7세~18세 1000원, 성인 2000원
💻 남한산성문화관광사업단 ggnhss.or.kr

제1 코스 (남한산성 서쪽 부분)

3.8km

산성종로(로터리)-북문-서문-수어장대-남문-산성종로(로터리)
행궁, 침괘정, 숭렬전 등이 있다.

제2 코스 (남한산성 북서쪽 일대)

2.9km

산성종로(로터리)-숭렬전-수어장대-서문-산성종로(로터리)
침괘정, 숭렬전, 수어장대 등이 있다.

제3 코스 (남한산성 동쪽 부분)

5.7km

남한산성역사관-현절사-벌봉-장경사-망월사-지수당-관리사무소
현절사, 장경사, 망월사, 지수당 등이 있다.

제4 코스 (남한산성 남동쪽 일대)

3.8km

산성종로(로터리)-남문-남장대터-동문-지수당-산성종로(로터리)
남장대, 지수당 등이 있다.

제5 코스

7.7km

남한산성역사관-동문-북문-서문-수어장대-남문-동문
산성 전체를 돌아볼 수 있는 코스라서 조금 힘들 수도 있다.

① 수어장대

　성문을 제외하고 여러 유적이 있지만 군사 시설물 중 가장 규모가 크고 역사적 의미가 있는 곳은 바로 서문 근처에 있는 수어장대야. 수어장대의 원래 이름은 '서장대'야. 장대는 장수가 군졸들을 지휘하는 장소이자 주변 정세를 관측하기 위한 목적으로 지어졌어. 그래서 지형적으로 높은 곳에 세운 경우가 많아. 남한산성에는 방위에 따라 모두 4개의 장대가 세워졌지만 서장대인 수어장대만이 유일하게 남아 있지. 북문 근처의 북장대, 봉암성 옹성이 시작되는 부근에 있는 동장대, 남문 옹성 근처의 남장대는 모두 허물어지고 터만 남아 있어.

　서장대는 '수어서대'로 불리다가 19세기에 '수어장대'라는 이름이 붙여졌는데, '외적의 침입을 막는 장대'라는 뜻이야. 서장대에 수어장대라는 이름을 붙이면서 이곳이 남한산성의 총지휘부 역할을 담당했지. 서장대는 인조 때 1층으로 지어졌는데, 기록에 따르면 누각이 처음부터 있던 것 같지는 않아. 영조 때 광주유수를 맡았던 이기진은 자신의 일기에서 누각이 없어 사열할 때 높은 사다리를 매어 장

수어장대

남장대터

수어장대 현판

수가 앉는다고 썼거든. 이기진이 광주유수로 근무하던 1751년에 영조의 명령으로 2층 누각으로 다시 지으면서 오늘날의 형태를 띠게 됐어. 보다시피 건물은 사방이 뚫려 있는 누각 형태인데, 지붕은 '八(여덟 팔)' 자 모양을 하고 있어. 건물 외부 2층에는 '수어장대(守禦將臺)'라는 현판이 걸려 있어. 영조가 내린 '무망루(無忘樓)'라는 현판도 있는데 안쪽에 붙어 있어 우리 눈으로 직접 확인할 수는 없어. 무망은 '잊음이 없다', 즉 '잊을 수 없다'는 뜻으로, 남한산성에서의 치욕을 잊지 않겠다는 의지를 담고 있지.

② 청량당과 매바위

청량당은 수어장대 입구에 바로 붙어 있어. 청량은 '맑고 서늘하다'는 뜻이야. 이 건물에는 전설이 서려 있는데, 바로 1624년 남한산성을 재보수할 때 성곽을 쌓다가 억울하게 죽었다고 전해지는 이회 장군의 이야기야. 이회 장군은 성곽의 동남쪽 구간의 공사를 맡았는데, 공사 비용도 적고 공사가 늦어져 고생하자 그의 부인들이 모자란 공사비를 모으기 위해 삼남 지방에 내려갈 정도였어. 그런데 그를 시기하는 이들이 이회가 공사 비용을 탕진하고 공사에 힘쓰지 않아 기일 안에 마치지 못했다고 모략해서 참수형을 당했어. 그런데 그의 목을 베자 매 한 마리가 튀어나와 수어장대 앞 바위에서 슬피 울다가 날아갔다고 해. 그게 지금 수어장대 마당 구석에 있는 매바위야.

청량당

　한편 부인 송 씨와 첩실 유 씨는 공사비를 마련해 돌아오는 길에 남편이 처형됐다는 소식을 듣고 송파나루에 몸을 던져 죽었다고 해. 이후에 그가 감독을 맡은 공사 구간을 조사하니 견고하고 충실하게 지어진 것이 확인되면서 무죄가 밝혀졌지. 그래서 수어장대 옆에 청량당을 지어 그의 넋을 위로하고자 했다는 거야.
　그런데 실제 역사에는 이회라는 장군의 기록이 없어. 당시 산성을 쌓을 때 감독을 맡은 이는 이서 장군이야. 실제 공사는 벽암 각성 대사와 응성 스님이 지휘하여 승려들이 맡았다고 해. 지금은 청량당 안에 들어갈 수 없지만, 안에는 이회 장군과 부인의 초상화뿐 아니라 벽암 각성 대사의 영정과 무속 신들이 그려져 있어. 매년 정월에는 무속인들이 이곳에서 굿판을 벌여. 아마도 청량당 건립에 서린 이회 장군의 이야

매바위에 '수어서대'라는 글자가 새겨져 있다.

기는 남한산성을 쌓으면서 억울하게 죽은 이들을 위로하고 달래 주기 위해 만들어진 전설인 것 같아.

③ 숭렬전과 효자우물

숭렬전은 백제의 시조, 온조왕의 위패를 모신 곳이야. 원래 온조왕의 사당은 충청도 직산에 있었는데, 정유재란(임진왜란 이후 1597~1598년 왜군이 조선에 다시 침입해 일으킨 전쟁) 때 불에 타 버려서 인조 때 이곳으로 옮겨 짓고 '온조왕사'라는 이름을 붙였다고 해. 1638년 건물이 완성됐는데, 남한산성을 쌓을 때 책임을 맡았던 이서 장군의 위패도 함께 모셨어. 이후 1795년 정조가 '숭렬전'이라는 이름을 내렸다고 해. 매년 음력 9월 5일에 제사를 모셔.

숭렬전에서 큰길로 내려가면 효자우물이 나와. 원래는 지금 위치보다 높은 지대에 있었지만, 사람들이 이용하기 편리하게 지금의 자리로 옮기고 주변을 정리했어. 효자우물에서 솟아나는 맑은 물도 한 모금 마셔 보자. 이곳에는 병든 아버지를 살린 소년의 효심 가득한 이야기가 서려 있어.

먼 옛날 산성 안에 살던 정남이네 집은 끼니를 잇기 힘들 정도로 가난했는데 아버지마저 편찮아서 몸져누웠어. 겨우 동냥을 하며 아버지를 간호했지만 차도가 없었지. 어느 날 지나가던 이가 아버지의 병을 살펴보고는 잉어가 좋다고 가르쳐

숭렬전

자리를 옮긴 효자우물

줬어. 그러나 한겨울 잉어를 구하는 일은 어려웠지. 지치고 힘들어 우물가에 털썩 주저앉아 신령님께 제발 잉어를 구하게 해 달라고 빌고 또 빌었어. 기도를 하다 쓰러진 정남이 다시 정신을 차리고 보니 우물 안에 크고 흰 잉어가 한 마리 있어서  이를 잡아 집으로 갖고 와서 아버지에게 정성들여 달여 드렸어. 그랬더니 병이 씻은 듯이 나았지. 이 소문이 퍼지면서 정남이가 잉어를 발견한 우물을 '효자우물'이라 부르게 되었다고 해.

④ 현절사

현절사는 병자호란 당시 명나라에 대한 의를 지키고 청나라에 항복하기를 반대했던 3명의 학자, 홍익한, 윤집, 오달제의 우국충정을 기리는 사당이야. 이들을 가리켜 '삼학사(三學士)'라고 부르는데, 이들은 자신들이 청과의 화해를 반대한

현절사

사람들의 우두머리라고 자진하여 청나라 심양으로 끌려갔어. 그곳에서 갖은 고문과 회유를 당했지만 끝내 자신들의 뜻을 굽히지 않아 1637년 처형당했지.

현절사는 이들이 죽고 나서 한참 뒤에 세워졌어. 한동안 청나라의 눈치를 봐야 했거든. 1688년 광주유수가 이들의 충절을 기리며 현절사를 세웠고, 이들은 영의정에 추증되었어. 추증은 사후에 벼슬을 내리는 것을 뜻해. 1699년에는 삼학사와 뜻을 같이 했던 김상헌과 정온의 위패도 모셨어.

의리를 지키는 대신 죽는 것과 의리 대신 실리를 추구하는 것, 둘 중 어떤 선택이 나은 것일까? 현절사를 지나치며 이 질문을 떠올려 봐. 400여 년이 지났지만 여전히 쉽게 답할 수 없는 질문인 것 같아.

⑤ 침괘정

침괘정은 행궁 오른편 언덕에 자리하고 있어. 백제 온조왕의 왕궁터라는 전설이 있는데, 인조 때 성곽 공사를 하면서 이서 장군이 발견했다고 해. 당시 이 건물

침괘정

에 온돌이 설치되어 있었는데 아궁이에 불을 때니 윗목에서부터 아랫목이 더워졌다고 해. 침괘정은 제법 넓고 평평한 땅에 세워져 있고, 마루방과 사방이 트인 대청으로 이뤄져 있었는데 지금은 대청에 문을 달았어.

건물 일대에서 화약을 찧을 때 사용한 돌절구들이 발견돼서 무기 제작과 관련된 장소이거나 군사용 지휘소로 사용한 것으로 추정되고 있어. 침괘정은 원래 '침과정'에서 온 말인데, 침과는 '창을 베개 삼는다'는 뜻이야. 이름에서도 군사용 목적으로 지어진 건물임을 알 수 있지?

⑥ 연무관

남한산성의 중앙부인 종로거리 근처에 자리한 연무관은 인조 때 남한산성을 보수하면서 지어진 건물이야. 앞에 넓은 연병장(군인을 훈련하기 위한 목적에서 지은

연무관

운동장)을 두고 병사를 훈련할 목적으로 지어졌지. 특히 이곳은 남한산성의 방어를 담당하기 위해 설치된 수어청의 군사 훈련 장소로 사용되던 곳이야.

수어청은 후에 이름을 '수어사'로 바꿨지. 이곳에서는 왕이 행차했을 때 직접 군기를 점검하기도 했어. 연병장은 잘려 나가고 지금은 도로와 주차장, 식당, 파출소 등이 들어서서 옛 모습을 찾기 어려워.

⑦ 지수당

남한산성역사관 옆에 있는 지수당은 1672년에 지어진 정자야. 정자는 예로부터 풍류의 공간이었어. 지수당 주변에도 울창한 침엽수가 우거져 있고 주변을 연못이 둘러싸고 있어서 운치가 좋아. 원래는 연못이 3개였다고 하는데, 연못 하나

지수당

는 사라져서 밭으로 바뀌었고 2개만 남아 있어. 남아 있는 연못 하나는 원형이고 정자가 있는 연못은 네모난 사각형이야.

⑧ 남한산성의 사찰들

남한산성 동쪽에는 사찰이 여럿 남아 있어. 남한산성 지도를 살펴보면 절터가 여럿 그려져 있어서 과거 이곳에 사찰이 많았다는 사실을 확인할 수 있어. 알다시피 조선은 불교를 배척하고 유교를 국교로 택한 나라야. 그런데 나라에서 계획적으로 보수하고 유지한 산성에 왜 이렇게 많은 사찰이 세워진 걸까?

절은 승려, 쉽게 말해 스님들의 수행 공간이야. 그러나 조선 시대의 승려는 고려 시대의 승려처럼 높은 신분이 아니었어. 조선에서는 승려를 나라 운영에 필요

멀리 망월사가 보인다.

한 인력으로 여겨서 '승군'이라고 부르며 병사로 활용했지. 특히 남한산성을 쌓을 때 전국의 승군을 동원했어. 그리고 승군을 총지휘하는 벽암 각성 대사에게 팔도 총섭총절제중군주장이라는 총책임의 임무를 맡겼어. 각성 대사는 남한산성에 원래 있던 망월사와 옥정사 외에 8개의 사찰을 더 지었어. 성을 쌓는 동안 전국 팔도에서 온 승군이 머물며 숙식을 해결하고, 성을 쌓은 이후에는 승군이 사찰에 머물며 성을 지킬 수 있게 하기 위해서였지. 그래서 새로 지은 사찰들은 대부분 성벽 가까이에 자리하고 있어. 그리고 종로거리 가까이에 있는 개원사를 승군의 총사령부로 삼고, 만일을 대비하여 나머지 사찰에 군기와 화약, 군량미를 나눠 보관했지.

그러나 승군으로 하여금 산성을 지키는 제도는 1894년 갑오개혁으로 인해 폐지되었어. 구한말에 이들 사찰들이 의병의 군기 창고로 이용된 사실이 밝혀지면서 일본군에 의해 불태워져 대부분의 사찰이 폐허가 됐지. 해방 이후에 망월사와 장경사, 국청사, 개원사 등 겨우 4곳이 복원되었어.

국청사

이 같은 수난의 역사는 작은 문화재에도 담겨 있어. 서문 아래 자리한 국청사에서 모시던 〈감로탱화〉는 저 멀리 프랑스에 가 있고, 산성 동쪽에 자리 잡은 장경사에 있던 동종은 구한말 일본군의 사찰 파괴를 피해서 서울 강남 삼성동에 있는 봉은사로 옮겨졌다가 100여 년 만인 2013년에 제자리로 돌아왔어.

북한산성

이번에는 북한산성을 찾아가 볼까? 북한산성은 서울의 북쪽에서 한양도성을 방어하는 역할을 담당했던 산성이야. 비교적 높고 험준한 북한산 자락의 봉우리 사이사이를 연결하여 세워져서 남한산성과 같은 평지는 찾아보기 힘들어.

북한산성의 성곽 일부는 예부터 북한산을 오르내리는 탐방로로 이용됐는데, 최근에는 북한산 둘레를 따라 걷는 둘레길이 조성되면서 북한산 탐방이 훨씬 쉬

청수동 암문 근처

워졌어. 북한산은 워낙 가파르고 험준해서 특히 성곽을 따라 걷는 일은 어린이뿐 아니라 어른들에게도 체력적으로 힘이 부치는 일이야. 그러니까 꼭 부모님이나 선생님과 동행하는 것이 좋아. 또 오르막내리막이 심해서 체력 소모가 크고 위험하니 남한산성 탐방과 마찬가지로 미리 둘러보고 싶은 구역을 정해서 나눠 돌아보는 편이 좋아.

출발 전에 알고 가자!

북한산성 입구

교육정보센터

🏠 경기도 고양시 덕양구 대서문길 375
🚗 지하철 3호선 구파발역에서 버스 704번, 34번을 타고 북한산성입구 정류장에 하차 후 도보 10분
📱 북한산성 교육정보센터 031-968-5329
🕘 1월~10월 09:00~18:00
　 11월~2월 09:00~17:00
☆ 매일 오전 북한산성 관련 역사 해설이 있고, 토요일에는 초등학생을 위한 다양한 탐방 프로그램을 운영
💻 북한산국립공원 bukhan.knps.or.kr, 북한산성 공식 블로그 blog.naver.com/buksamo

북한산성은 언제 지어졌을까

　북한산성은 서울의 허파라고 불리는 북한산국립공원에 자리하고 있어. 세계의 유명한 대도시 어느 곳을 둘러봐도 이렇게 도심 가까이에 높고 숲이 우거진 산이 있는 도시는 없어. 덕분에 북한산은 서울 시민들에게 맑은 공기와 수려한 경관을 제공하는 쉼터 역할을 톡톡히 하고 있지.

　북한산은 행정 구역상 경기도 고양시와 의정부, 서울시 은평구와 종로구, 성북구 사이에 걸쳐 있어. 그래서 성곽길을 따라가다 보면 행정 구역을 표시하는 부표를 마주치기도 해. 현재의 북한산성 성곽은 조선 숙종 때 지은 거야.

　그러나 조선 시대에 앞서 북한산에 성곽을 지은 나라로 한강 유역을 차지했던

　백제가 있어. 백제는 한강 동남쪽에 위례성을 짓고 이를 도읍으로 삼았는데, 위례성을 방어하기 위해 한강 이북에 북한산성을 지었어. 무려 기원 후 132년의 일이야. 지금으로부터 거의 약 1900년 전이지. 삼국 시대에는 북한산에 세운 산성을 '중흥동 석성'이라고 불렀다고 해. 한강 유역을 놓고 삼국 간의 세력 다툼이 치열했던 당시, 북한산도 삼국의 세력 다툼이 이뤄지는 무대 중 하나였어. 오죽하면 신라의 진흥왕이 북한산 비봉에 올라 이곳이 신라 땅이라고 만천하에 알리는 내용의 북한산 진흥왕 순수비를 세웠겠어. 하지만 이후 북한산은 역사에서 사라졌어. 조선이 한양을 도읍으로 삼기 전까지 북한산성은 크게 주목받지 못했거든.

북한산성 일대는 산세가 험준해서 건축물을 쌓아 올리기가 쉽지 않은 데다, 너른 터도 드물어서 임진왜란과 병자호란이라는 큰 전쟁을 겪기 전까지는 이곳에 산성을 지을 생각을 아예 하지 못했어. 1592년 발발한 임진왜란은 바다 건너 왜인들의 침입으로 발생한 전쟁이고, 1636년의 병자호란은 청나라와 조선 간에 벌어진 전쟁이지. 한반도 조선 한복판에 있던 한양도성이 너무나 순식간에 왜구와 오랑캐의 손에 짓밟히는 큰 전쟁을 치르고 난 뒤, 사람들은 깨달음을 얻었어. 왕과 궁궐이 있는 도성 방어를 튼튼히 해야겠다고 말이야.

　하지만 병자호란 때 청나라에 항복한 이후, 함부로 군사 시설을 짓지 않겠다고 청나라에 약속했기 때문에 눈치를 보다가 70여 년이 지난 숙종 때 비로소 북한산성을 지을 수 있게 됐어. 비좁고 험준하여 건축이 쉽지 않고 피란민을 수용하기에도 여의치 않는 등 여러 단점에도 불구하고 이곳에 산성을 짓기로 한 것은 한양도

청수동 암문에서 대남문 가는 길

성과 가깝기 때문이었어. 병자호란 때 겪어 봤지만, 행궁이 있는 남한산성은 배를 타고 강을 건너야 해서 시간이 걸렸고 강화도 역시 바다를 건너야 했지. 그에 비하면 북한산은 한양도성에서 육로로 이동할 수 있고 거리도 매우 가까웠거든.

1711년 드디어 공사가 시작됐어. 남한산성은 대규모의 승군이 동원되었지만, 북한산성을 지을 때는 수도와 궁궐을 방어하는 임무를 맡은 훈련도감, 어영청, 금위영 소속의 군사들이 공사에 참여했어. 물론 부역의 의무를 진 백성과 승군도 일부 구간의 공사에 참여했지.

북한산성은 비교적 규모가 작고, 이전에 6년간 한양도성을 보수했던 경험 덕분에 6개월이라는 짧은 시간 안에 공사를 끝마칠 수 있었어. 기록에 따르면 북쪽 수문~용암문 구간은 훈련도감 소속 군사들이, 동남쪽의 용암문~보현봉 구간은 금위영에서, 서쪽의 보현봉~수문은 어영청에서 맡았다고 해.

대성문 근처 돌에 새겨진 공사자들 이름

험준한 북한산에 산성을 짓다

　북한산의 북서 자락에 자리한 북한산성은 북한산의 봉우리를 따라 만든 산성이야. 전체 산성의 둘레는 약 12.7킬로미터야. 이 중 돌로 쌓은 성곽 부분이 8.4킬로미터, 암벽이나 능선 등 자연 지형을 이용한 구간이 4.3킬로미터에 해당돼. 이 안에 귀중한 문화재가 많이 남아 있어. 조선 시대 이전에 흙으로 성을 쌓았던 자리를 따라 돌로 바꿔 쌓고 여러 가지 시설물을 새로 지었어.

　북한산성 성곽에는 모두 13개의 문이 있어. 성곽을 따라 북문과 대동문, 대성문, 대남문, 대서문 등 5개의 대문과 산성 중앙에 중성문을 내고 성곽을 따라 암문 7개를 설치했어. 북한산성의 주 출입구로는 주로 대서문이 이용되었는데, 대서문을 통과해서 골짜기를 따라 산성 중앙으로 진입하도록 길을 내고, 주요 시설

대성문

대남문

대서문

중성문

중성문 근처 수문

청수동 암문

중성문 부근 성벽

정보교육센터 근처 성돌

을 보호하기 위해 내부에 중성문을 하나 더 설치했어. 대문과 중성문은 한양도성의 사대문, 사소문과 마찬가지로 홍예석을 쌓은 뒤 문루를 세우고, 물이 빠져나가는 수문도 두 곳에 만들었어. 성벽은 잘 다듬은 네모난 성돌로 층을 이뤄 빈틈없이 쌓았어. 방어 시설이기 때문에 한양도성과 마찬가지로 적의 움직임을 살피기 쉽게끔 밖으로 돌출된 치성(곡성)도 쌓았지.

중성문을 지나면 행궁과 중흥사지 등의 성 안쪽 시설이 모여 있지만 산골짜기에 들어서 있어서 남한산성처럼 한눈에 보이지는 않아. 왕의 피란처인 행궁과 장수가 지휘 본부로 사용하는 장대, 창고와 군대의 유영지, 승군들이 머무는 사찰, 병사들이 묵는 성랑 등을 세웠어. 원활한 식수의 공급을 위해 우물을 뚫고 저수지도 여러 곳에 마련했다고 해. 또 쌀과 무기를 보관하는 창고인 군창도 여러 곳에 지었는데, 산성 안에 3곳이 있었고 성 밖에도 있었어. 북한산성과 인접하며 부촌으로 유명한 서울 종로구 평창동도 실은 산성 밖에 식량을 보관하던 창고인 평창에서 유래했어. 남한산성과 마찬가지로 긴급한 상황이 닥치면 한양도성 안의 주민들이 대피할 수 있을 정도의 규모를 유지하려고 했던 것 같아. 지금도 북한산성 성곽을 따라 돌아보면 옛날의 우물터와 건물터를 발견할 수 있어.

북한산성 일대는 외적의 침입을 받은 적은 없지만 산성이 완공되고 난 뒤에 관리와 운영이 불편하다는 이유로 천혜의 요새라는 장점이 무색하게 산성을 폐지하자는 요구에 휘말렸어. 그러다 조선 왕조가 멸망하고 국권을 빼앗기고 난 후 무참하게 폐허로 변해 버렸어. 나라가 멸망했으니 군대도 해산되고, 승군 제도 역시 폐지되면서 이곳을 지키는 이들이 사라져 버렸거든. 더욱이 1915년 집중 폭우가 내리면서 계곡을 끼고 자리한 북한산성 대부분의 행궁 건물이 파괴되었어. 이후 북한산성은 철저하게 사람들의 기억 속에서 잊혀 갔지. 주춧돌과 축대만 덩그러니 있는데, 최근 발굴 작업을 거치면서 행궁터가 고스란히 드러나게 됐어.

북한산성에는 왜 이리 절터가 많을까

북한산성에도 곳곳에 사찰과 절터가 많아. 말했듯이 조선 시대에는 승려가 나라 운영에 필요한 인력으로 여겨져서 전쟁이나 큰 토목 공사를 진행할 때 승군이라는 이름으로 동원됐어. 특히 북한산성을 지을 때는 성능이라는 스님이 숙종의 명을 받아 중흥사에 기거하면서 승군을 지휘 감독하고 성을 쌓고 수비하는 임무를 수행했어. 산성이 완공되고 난 뒤에는 도총섭이라는 직책을 부여받아 승병 300명과 군사 1000명을 지휘하며 산성을 지켰지. 이렇게 산성을 지키는 승려들의 수가 많았기 때문에 이들이 머물 수 있게 사찰도 더 지었던 거야.

성능 스님은 북한산성을 짓기 시작한 이후 30여 년간 북한산성 일대에 머물며 여러 사찰을 다시 크게 짓고 암자도 여러 곳 지었어. 중흥사와 태고사의 규모는

행궁터 부근에 남은 당시 관리들의 공적을 기리는 공덕비

성능 스님이 살아 있을 때 커졌고, 용암사, 서암사, 진국사, 봉성암, 원효암 등의 암자도 이때 새로 설치됐다고 해.

 그 밖에 스님은 북한산성에 관한 중요한 기록도 남겼어. 불경과 옛 문서에 관한 책을 판화로 찍어 펴냈을 뿐 아니라 〈북한지〉라는 글을 통해 북한산성을 짓는 과

공덕비 근처 누각이 있던 자리에 남은 초석들

태고사 원종국사 부도탑

• 153

정을 상세하게 기록했어. 이 책을 통해 북한산에 있는 수많은 봉우리와 골짜기와 폭포의 이름이 알려졌고, 지금은 사라진 여러 사찰의 이름과 누각의 이름, 그 역사도 잘 알 수 있게 됐지.

숙종의 길을 따라 걷다

북한산성을 고쳐 짓도록 한 숙종은 산성을 짓고 난 이듬해인 1712년 4월 행궁이 완공되자 바로 북한산성을 둘러보기로 했어. 기마병의 호위를 받으며 대서문을 통과하여 수문을 구경하고 행궁에 도착한 뒤, 동장대에 올라 북한산의 수려한 경관과 봉우리를 바라봤지.

이렇게 숙종이 다녀간 '대서문 → 하창지 → 중성문 → 중흥사 → 행궁지 → 대동문 → 동장대'에 이르는 탐방로는 '숙종의 길'이라고도 불려. 완만하면서도 경치가 멋진 곳이지. 특히 중성문에서 행궁지까지는 계곡을 끼고 있어서 중간중간 계곡물에 발을 담그면서 더위를 식히기에도 좋아. 행궁은 현재 발굴 조사 중이야. 볼 게 없다고 실망하지 말고 폐허의 유적들을 보면서 조선 시대 행궁의 모습을 머

대서문 배수구용 돌

중성문

북한산성 입구

북한산성 남쪽 일대 능선에서 바라본 서울

릿속에 그려 보자.

　행궁지를 지나 대동문에 오르고 난 뒤에는 북한산 등산로인 진달래능선과 만나는데, 이곳으로 빠지지 말고 곧장 동장대 쪽으로 향해. 다리가 아파 오고 몸에 기운이 빠질 때쯤 동장대가 나와. 본래 북한산성 안 장대는 모두 쓰러져서 터만 남았는데 유일하게 동장대만 복원해 놨어. 동장대에 서면 마음과 눈을 사로잡는 경치에 절로 입이 벌어져. 사방에 첩첩이 북한산 능선이 펼쳐져 있거든. 장대 서쪽으로는 북한산 문수봉과 봉우리가, 동쪽으로는 도봉산과 그 너머 불암산과 수락산이 보이고, 북쪽으로는 삼각산 봉우리와 노적봉이 펼쳐져 있어. 첩첩산중, 한참 깊은 산속에 들어온 것 같은데 저 봉우리들만 넘어서면 아파트와 고층 건물이 즐비하게 늘어선 서울이라니 믿기지가 않아. 이 멋진 풍경을 보고 감히 누가 시를 짓지 않을 수 있었을까?

　성곽을 따라 걷는 방법은 여러 가지가 있어. 성 안에 군사들이 머물던 유영지를 중심으로 훑어볼 수도 있고, 성문을 따라 종주하는 방법도 있어. 성문 전체를 종주하려면 어른 걸음으로 하루가 꼬박 걸려. 구간을 나눠서 일부 험한 구간이 있으니 어른과 동행해 안전에 유의하며 걸어야 해.

북한산성에 딸린 보조 성곽, 탕춘대성

북한산성 성곽 지도를 살펴보면 북한산성 남서쪽 방향으로 이어지는 성곽이 보여. 바로 북한산성과 한양도성을 연결하던 탕춘대성이야. 한양도성의 입장에서 보면 도성 서쪽을 방어하기 위해 지은 성곽이 되고, 북한산성 입장에서 보면 북한

홍지문

산성에 딸린 보조 성곽이 되지. 인왕산 정상의 한양도성에서부터 시작해 서울 서대문구를 지나 북한산 수리봉으로 이어져. 북한산성을 짓고 나서 1715년에 지었다고 하는데, 북한산성이 높고 험준하여 군량미를 운반하는 데 어려움이 커서, 이곳에 연산군이 세우고 경치를 즐기던 '탕춘대'라는 지명을 따서 '탕춘대성'이라고 불렀어. 홍지문은 탕춘대성의 출입문이야. 중앙에 홍예문을 낸 1층 누각 형태로 되어 있어.

홍지문 바로 옆으로 오간수문이 나 있어. 홍제천의 물이 흐르게끔 모두 5개의 수문을 홍예문 모양으로 냈지. 하지만 이 오간수문도 일제 강점기에 장마로 떠내려갔어. 지금 보는 탕춘대성과 오간수문, 홍지문은 최근에 복원된 거야.

오간수문

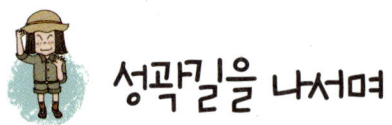 **성곽길을 나서며**

　지금까지 한양도성과 이를 남북에서 지키기 위해 만든 남한산성, 북한산성을 두 발로 걸어 돌아봤어. 아주 길고 거대한 여정이었어. 600여 년의 역사를 지닌 서울과 만나는 성곽길 여행을 마친 소감이 어때?

　한양도성은 성곽길이 잘 조성돼 있고, 버스나 지하철 등 대중교통으로 접근하기 쉬우니 어느 곳에서든 원하는 지점에서 시작해 걷고 싶은 만큼 산책하듯이 걸어도 좋아. 남한산성과 북한산성은 욕심을 내기보다는 하루의 짬을 내야 충분히 걷고 보고 싶은 곳들을 볼 수 있어.

　성곽길은 계절에 따라, 하루 중 어느 시간대에 걷느냐에 따라 걷는 느낌이 달라. 그 느낌을 잘 새겨 둬. 이렇게 거닐다 보면 좀 더 서울이라는 오랜 도시에 가까워지고, 서울의 역사에 가까워질 거야. 어느 날은 성곽이 말을 걸고, 길을 따라 만나는 꽃과 나무, 벌레가 말을 걸 거야. 어느 날은 유적지의 문화재 안내판을 읽다가 궁금한 것들이 생기기도 하겠지. 그렇게 조금씩 관심거리들이 생기면 잘 기억하고 이를 기록해 봐. 그리고 궁금한 것들을 책을 통해, 인터넷을 통해 찾아보고 선생님께도 여쭈어 봐. 그렇게 조금씩 내가 사는 주변 공간에 관심을 갖고 그 공간과 물건 들이 지닌 역사에 관심을 넓혀 가다 보면 그것이 나의 앎이 돼.

남한산성 동문 근처의 성곽

　서울의 오랜 역사, 그리고 서울을 지키기 위해 남북에 지어진 산성과의 만남이 필요한 이유를 이제 이해하겠지? 역사와의 흥미진진한 만남, 유적들이 들려주는 이야기, 그곳에서 만나는 경치와 꽃과 나무, 벌과 옛사람들이 들려줄 이야기가 벌써부터 기대되지 않니?

참고 문헌

서적

〈남한산성과 팔도사찰〉, 전보삼 저, 대한불교진흥원, 2010

〈북한산성〉, 조면구 저, 대원사, 1994

〈산성으로 보는 5000년 한국사〉, 이덕일·김병기 공저, 예스위캔, 2012

〈산성일기〉, 김광순 역, 서해문집, 2004

〈서울, 한양의 기억을 걷다〉, 김용관 저, 인물과사상사, 2012

〈서울의 성곽〉, 나각순 저, 서울특별시사편찬위원회, 2004

〈순성의 즐거움 : 서울성곽 600년을 걷다〉, 김도형 저, 효형출판, 2010

〈한국의 성곽〉, 반영환 저, 대원사, 1991

〈한국민족문화대백과사전〉

도록

〈남한산성 : 사람, 역사, 문화가 살아 있는 산성도시 남한산성〉, 경기도박물관, 2011

〈서울, 도성을 품다〉, 서울역사박물관, 2012

〈웃대중인〉, 서울역사박물관, 2011

* 이 책에 실린 사진에 대한 저작권은 윤민용과 현암사에 있습니다. 그 외의 사진 출처는 다음과 같습니다.

11p 수원 화성 ⓒ bifyu
12p 아차산성터 ⓒ Kang Byeong Kee
13p 고창읍성 ⓒ 날개, 해미읍성 ⓒ 코리아넷/해외문화홍보원 (전한), 문경새재 ⓒ 박정병
16p 만리장성 ⓒ Severin stalder, 독일 라인 강가의 성 ⓒ Manfred Heyde
34p 광화문에서 본 경복궁 ⓒ Ian Armstrong
40p 강녕전 ⓒ Naturehead
57p 성균관 ⓒ Christian Bolz
60p 보수 공사 전 흥인지문 옹성 ⓒ Mark Froelich
61p 일제 강점기 흥인지문(출처: 조선고적도보)

62p 오간수문의 옛 모습(출처: 조선고적도보)
66p 동대문디자인플라자 ⓒ Massyparcer
81p 화재가 나기 전 숭례문 ⓒ sean, 화재를 진압하는 모습 ⓒ 낮은표현, 화재로 붕괴된 숭례문 ⓒ Watzh Wants
83p 1890년대 숭례문 ⓒ 코리아넷/해외문화홍보원(전한)
84p 광장이 생기기 전의 숭례문 ⓒ levork
85p 숭례문 화재 전 천장 용 그림 ⓒ sean
87p 1890년대 소의문(출처: wikimedia commons)
93p 덕수궁 ⓒ travel oriented
95p 1904년 옛 돈의문 ⓒ Horace Grant Underwood

출처 : 한국저작권위원회
9p 동래부순절도, 19p 동궐도, 20p 수선전도, 96p 경기감영도, 104p 인왕제색도, 105p 수성동계곡, 113p 해동지도